20130918-01

D0900687

Property of EDC Library
Propriété de la Bibliothèque d'EDC

Tweets et gazouillis
pour des traductions qui chantent

Des mêmes auteurs   By the same authors

GRANT HAMILTON

> *Les trucs d'anglais qu'on a oublié de vous enseigner*, recueil de billets linguistiques, L'instant même, 2011.

FRANÇOIS LAVALLÉE

> *Le tout est de ne pas le dire*, recueil de nouvelles, Triptyque, 2001.

> *Le traducteur averti*, guide de traduction, Linguatech, 2005.

> *Dieu, c'est par où?*, recueil de nouvelles, Guy St-Jean éditeur, 2006.

> *Quand la fontaine coule dans la vallée*, recueil de fables, Linguatech, 2007.

Note : *On peut toujours suivre les conseils de réviseur de Grant Hamilton et de François Lavallée sur Twitter, aux adresses @anglais et @Magistrad_Plus respectivement.*

Note: *You can also follow Grant Hamilton's and François Lavallée's editing tips on Twitter at @anglais and @Magistrad_Plus respectively.*

Tweets et gazouillis
pour des traductions qui chantent

Grant Hamilton, C. Tr.
François Lavallée, trad. a.

linguatech
éditeur inc.

Catalogage avant publication de Bibliothèque et Archives nationales du Québec et Bibliothèque et Archives Canada

Hamilton, Grant, 1958-

Tweets et gazouillis pour des traductions qui chantent

Comprend des réf. bibliogr. et un index.

Textes en français et en anglais.

ISBN 978-2-920342-29-3

1. Traduction. 2. Français (Langue) – Traduction en anglais. 3. Anglais (Langue) – Traduction en français. I. Lavallée, François, 1963-   .
II. Linguatech (Firme). III. Titre.

P306.2.H35 2012   418'.02   C2012-941528-6F

Bibliothèque et Archives nationales du Québec and Library and Archives Canada cataloguing in publication

Hamilton, Grant, 1958-

Tweets et gazouillis pour des traductions qui chantent

Includes bibliographical references and index.

Text in French and English.

ISBN 978-2-920342-29-3

1. Translating and interpreting. 2. French language—Translating into English.
3. English language—Translating into French. I. Lavallée, François, 1963-   .
II. Linguatech (Firm). III. Title.

P306.2.H35 2012   418'.02   C2012-941528-6E

Révision : Françoise Tougas
Correction d'épreuves : Zofia Laubitz et Stéphane Lépine
Maquette de couverture et mise en page : Michel Séguin

© Linguatech éditeur inc., 2012

Dépôt légal : 4e trimestre 2012
Bibliothèque et Archives nationales du Québec
Bibliothèque et Archives Canada

Imprimé sur du papier recyclé à 100 %, approuvé FSC.

Linguatech éditeur
www.linguatechediteur.com
editeur@linguatechediteur.com
Téléphone : 514 336-5207
Télécopieur : 514 336-4736
Case postale 26026, succursale Salaberry, Montréal (Québec) H3M 1L0

Toute reproduction interdite, sous quelque forme que ce soit, sans l'autorisation écrite de l'éditeur. Tous droits de traduction et d'adaptation, en totalité ou en partie, réservés pour tous les pays.

Preface by Grant Hamilton

There are so many ways that people use Twitter—to share what they're doing, to say what they're thinking, to tell others "what's happening" . . . Twitter has stoked revolutions, it has ruined reputations, it has spread gossip and delivered breaking news . . . But the big question for me a few years back was "What can Twitter do for translation?" Answering that question led to this book.

At my workplace, information was (and still is) regularly shared back and forth between translators and editors. The more senior staff who review the work of the junior and intermediate translators often include notes and recommendations in the files they send back for final checking and delivery to clients. This feedback is vital to a translator's training and professional development. The advent of Twitter, however, created an exciting new possibility—what if this two-way communication were multidirectional?

A light went on—I could collect all the words of wisdom our editors share with the translators, and reissue them as tweets. The translators could then follow our Twitter feed and gain the benefit of all the advice provided to their colleagues, not just the suggestions intended for them personally. As a side benefit, any translator anywhere—or for that matter, any person interested in English and the dynamics of how it interacts with French— could also follow the feed. And hundreds have!

In practice, there are limitations to the format. For instance it is very difficult to expound on finer points of style or grammar that require more detailed explanations. And while it is easy to convey general rules, there is often no room to list exceptions. There are advantages, too: the very brevity of the tweets spurs clarity of expression and makes them easier to remember.

Over time a picture has emerged of the broad sweep of challenges translators encounter. Each thorny issue, each unmasked gallicism, each point of grammar and punctuation is one more brick in an edifice of collective wisdom. The tweets have taken the day-to-day ponderings of professional translators and preserved them for the benefit of others.

Imitation being a form of flattery, I was delighted when my friend and colleague François Lavallée undertook the same exercise in French— same subject, same medium, but a different language and perspective. The result, I think you will concur, is stronger still. And today as we combine them together in this book, I hope you have as much enjoyment perusing them as we had putting them together.

Grant Hamilton, C. Tr.

Avant-propos de François Lavallée

Voilà déjà plus de six ans qu'a paru *Le traducteur averti*[1]. Depuis lors, on me demande régulièrement si un « tome II » s'en vient. Chaque fois, je réponds que oui, et même que ma liste de sujets est prête – ce qui est vrai.

Mais la vie étant ce qu'elle est, le tome II est toujours dans ma tête, et pas sur papier.

Lorsque Grant Hamilton m'a fait part de son idée de publier des conseils de réviseur sur Twitter – médium auquel j'étais déjà abonné à titre personnel –, j'ai tout de suite trouvé l'idée géniale. En effet, comme lui, je formule régulièrement, à l'intention de mes étudiants et des traducteurs que je révise, des commentaires et conseils qui, au fond, pourraient bénéficier à d'autres. Pourquoi ne pas en faire profiter le plus grand nombre? C'est ainsi qu'est né le fil Twitter @Magistrad_Plus, avec quelques mois de retard sur mon collègue. Nous avons ainsi pu former un tandem dont nous rêvions depuis longtemps, sans aucune contrainte pour nos emplois du temps et engagements professionnels respectifs.

Ce qui s'est avéré magique, c'est qu'alors que, depuis des années, je reportais à plus tard la mise par écrit d'un deuxième *Traducteur averti* en raison de l'envergure de la tâche (je m'avère incapable d'appliquer moi-même la moralité de la fable *Samuel et le gâteau au chocolat*[2]), j'arrivais grâce à Twitter à donner des conseils pratiques et concrets à des centaines de traducteurs en ne prenant chaque fois qu'une ou deux minutes pour les rédiger. D'ailleurs, cet exercice de concision extrême m'a permis de repousser les limites de cet art que j'avais déjà commencé à cultiver avec délectation dans la rédaction de mes nouvelles et de mes fables.

Je ne nierai pas ici le principal défaut de Twitter, souvent décrié : la contrainte du nombre de caractères fait que les gazouillis n'ont pas la profondeur des articles du *Traducteur averti*. Cette limitation a cependant une conséquence qui n'est pas pour me déplaire : elle court-circuite les

---

[1] François LAVALLÉE, *Le traducteur averti : Pour des traductions idiomatiques*, Montréal, Linguatech éditeur, 2005.

[2] François LAVALLÉE, *Quand la fontaine coule dans la vallée*, Montréal, Linguatech éditeur, 2007.

argumentations de traducteurs, traditionnellement assenées à coups de raisonnements, de dictionnaires et de sources qui se contredisent parfois et ne sont elles-mêmes pas toujours dénuées d'arbitraire, pour obliger l'auteur du commentaire à assumer sa subjectivité. Autrement dit, l'argument absolutiste « c'est écrit là » cède la place à un début de dialogue : « Voici ce que je pense en deux mots, à vous de suivre la piste si vous le voulez. » Certes, le caractère lapidaire du gazouillis donne parfois plutôt l'impression de l'affirmation péremptoire, mais, de mon point de vue, la démarche consiste plutôt à ouvrir des portes, en espérant que mes lecteurs constatent d'eux-mêmes l'intérêt d'un truc ou d'une solution originale. L'absence de contexte rend sans doute la chose aléatoire : alors qu'un gazouillis mal compris risque de donner lieu à un rejet, on espère toujours – et c'est arrivé selon de nombreux témoignages – qu'un gazouillis arrive au bon moment et dans le bon contexte pour au moins quelques-uns de nos lecteurs à distance. C'est la magie d'Internet.

Ainsi, l'absence de développement peut déstabiliser les traducteurs qui cherchent sans cesse une règle indiscutable (et ils sont nombreux); mais c'est une déstabilisation saine, un nouvel espace vierge qui les amène plutôt à se responsabiliser, à s'interroger sur leur propre pratique et sur l'usage, et à considérer leurs prises de position et leur réflexion sur la langue comme un *work in progress* et non comme un ensemble figé de règles à apprendre et à faire respecter. En ce sens, ce qui peut être considéré comme une lacune par d'aucuns concorde exactement avec l'esprit dans lequel j'enseigne depuis des années, que ce soit à Magistrad, dans les formations internes d'Edgar ou à l'Université : donner des ailes, et non les couper.

Sans compter que, si limités soient-ils, les gazouillis ont pour le moment un avantage indéniable par rapport au *Traducteur averti II* : celui d'exister.

François Lavallée, trad. a.

Conventions de numérotation

Le présent ouvrage contient exactement 1 740 gazouillis, soit 962 en anglais et 778 en français. Pour faciliter le classement et la catégorisation, les gazouillis anglais (rédigés par Grant Hamilton) sont numérotés de 1 à 962, et les gazouillis français (rédigés par François Lavallée), de 1001 à 1778. On pourra ainsi savoir au premier coup d'œil, dans la consultation de l'index, auquel des deux groupes appartient un renvoi.

Des chiffres en caractères gras ont parfois été ajoutés au début de gazouillis qui se font écho et ont été publiés à la suite. Ils ne figuraient pas dans les gazouillis initiaux.

Numbering Conventions

This book contains precisely 1,740 tweets—962 in English and 778 in French. To facilitate categorization and consultation, the English language tweets by Grant Hamilton are numbered from 1 to 962, and the French language tweets by François Lavallée from 1001 to 1778. This makes it easy to identify which language an indexed reference refers to.

Numbers in bold characters occasionally appear in front of tweets that were issued in sequence on an identical topic. These numbers did not appear in the original tweets.

Convention typographique

Les gazouillis sont publiés ici tels qu'ils l'ont été en ligne à l'origine, à cette exception près que l'éditeur, avec l'accord des auteurs, a décidé de recourir à l'italique pour les mots français dans les gazouillis anglais et les mots anglais dans les gazouillis français, et aux caractères gras pour la mise en évidence, moyens typographiques que n'offre pas Tweeter, pour faciliter la lecture de l'ouvrage.

Typographical Conventions

The tweets in this book are as published online, except that italics are used for all French words in the English tweets and for all English words in the French tweets, and bold is used to highlight certain terms or expressions. These typographic effects are not available in Twitter and have been added with the authors' permission, to aid consultation.

Abréviations et symboles

En raison de l'inflexible règle des 140 caractères, les auteurs de gazouillis ont souvent tendance à abuser des abréviations. Les auteurs, ici, par respect pour leurs lecteurs et pour la langue, ont veillé à ne pas donner dans ce travers. Ils n'ont généralement recouru – et avec parcimonie – qu'à des abréviations courantes qui auraient pu être utilisées dans n'importe quel autre ouvrage de langue.

Abbreviations and symbols

People often use abbreviations to get around Twitter's ironclad 140 character limit, but the authors have kept them to a minimum out of respect for readers and for language. Only abbreviations commonly found in language texts are used, and only sparingly so.

+	plus
<	*less than*
>	*more than*
=	*translates as*/se traduit par; *equals, means*/équivaut à
≈	*approximately*
adj.	*adjective*/adjectif
adv.	*adverb*/adverbe
AGA	assemblée générale annuelle
approx.	*approximately*
assur.	assurance
BDL	Banque de dépannage linguistique
C.A.	conseil d'administration
c.-à-d.	c'est-à-dire
CanLII	Canadian Legal Information Institute (www.canlii.org)
CEO	*Chief Executive Officer*
cf	*confer/compare*
CV	*curriculum vitæ*
dept	*department*
e.g.	*for example*
EN	*English*/anglais
EN>FR	*English into French*

esp.	*especially*
ex.	*example(s)*/exemple(s)
FR	*French*/français
FR>EN	*French into English*
g-d	gauche-droite
gén.	générique
GOP	*Republican Party (Grand Old Party)*
gov't	*government*
i.e.	*id est/that is*
int'l	*international*
inf.	infinitif
M	*million*
NA	*North America*
N. American	*North American*
nos.	*numbers*
NYC	*New York City*
org.	*organization*/organisation
p.-d.g.	président-directeur général
p.-ê.	peut-être
p. ex.	par exemple
pl.	*plural*/pluriel
PPT	PowerPoint
prov.	*province*
QC	*Quebec*
qqch.	quelque chose
qqn	quelqu'un
re	*about/concerning*
R&R	*Rest and Recreation*
SA	*South America*
S. American	*South American*
sb	*somebody*
sing.	*singular*/singulier
spéc.	spécifique
sth	*something*
tel.	*telephone*
transp.	transport
vs	*versus*
wpm	*words per minute*

Table des matières   Table of Contents

Tweets

Gazouillis

Tweets

Abbreviations

1   Avoid using "M" as an abbreviation for "millions"; it can be confused with Roman numerals. Spell out if there is room.

2   When citing examples in EN, consider using "e.g." instead of keeping the FR *ex.*

3   "Etc." is more prevalent in FR than in EN, which often uses expressions like "and more/and so on/and others" instead.

4   Despite the trend away from using periods in abbreviations, it is best to retain them where traditionally used, such as in "Ph.D."

5   We prefer "cont." as a short form for "continued," not "cont'd." Whatever you decide, strive for consistency.

6   The "al." of "et al." ("and others," used in bibliographies) is an abbreviation and requires a period. No need for italics, however.

Aboriginals

7   "Aboriginal" is the politically correct word nowadays for "Indian" or "Amerindian." It is also tending to displace "native."

8   Translate *autochtone* as "aboriginal" in NA (or "First Nations" if not referring to the Inuit) and as "aborigine" in Australia.

9   Aboriginals are diverse peoples, so name the actual nation (Mohawk, Cree, etc.) if not referring to all, even if FR says *autochtones.*

10   The historic *Paix des braves* between QC and the First Nations/Inuit is the "Peace of the Brave" in EN (sing.), not ". . . of the Braves."

Addresses

11   In FR, and when copying in EN, capitalize Rang, Boulevard, Avenue, Rue when the street name is a digit, e.g., 5^e Avenue.

12   If translating an address from FR, you must capitalize all words like Apt., Suite, Floor, etc.

13   When giving street locations in EN, it is enough to say "at Main and Maple." No need for "at the corner of" as in FR (*au coin de*).

14   Parentheses setting off province/state/country names in FR should be replaced by commas, e.g., *Rome (Italie)* = Rome, Italy.

15   FR surnames are often written all in capitals. This is not normal practice in EN, so cap only the first letter.

16   It is usually best not to translate addresses, particularly street names (keep "street" "street," *rue rue*), but translate country names.

Adjectives

17   When two nouns are followed by a plural adjective in FR, always consider whether the adjective modifies both nouns or only the second.

18   Put commas between adjectives if you could also put the word "and": "a good French bistro" (no comma); but "a big, happy family" (comma).

19   Advice from Mark Twain that translators should take to heart: "If you catch an adjective, kill it!"

20   Many adj.-noun pairs switch to single words when used as compound adjectives: crew neck/crewneck tee, health care/healthcare worker.

21   Many compound adjectives can be spelled with or without hyphens. Hyphenating is good if it aids readability, pointless if it doesn't.

22   Remember that *certain* changes meaning when placed after the noun: *un certain attrait* = a certain appeal; *un attrait certain* = definite appeal.

Advertising

23   Translating Ads Rule #1: Word carefully for target audience— working moms, seniors, grocery shoppers, sports fans, voters, tourists, etc.

24   Translating Ads Rule #2: Don't know who the target is? Ask. Don't know how to talk to that target? Examine how others do it.

25   Translating Ads Rule #3: Don't let people make you translate without telling you the context.

26   Translating Ads Rule #4: If the source text wording sounds odd to you, check whether you missed a play on words or a cultural reference.

27   Translating Ads Rule #5: Check the source text for proverbs/song lyrics/sayings you may not have noticed.

28   Translating Ads Rule #6: If the source text rhymes, try to make your translation rhyme.

29   Translating Ads Rule #7: If the source text uses alliteration or assonance, try to do the same thing.

30   Translating Ads Rule #8: Double-check copy to make sure you've removed unnecessary FR abstractions and used verbs as much as possible.

31   Translating Ads Rule #9: Read your work out loud. Does it roll off the tongue? Is it short enough? Does it sound EN? If not, reword.

32   Translating Ads Rule #10: Being creative doesn't mean anything goes. Be sure to match the original in tone, manner, content, and style.

33   Translating Ads Rule #11: If a straightforward translation doesn't work, take off your translator's cap and put on your writer's cap.

34   Translating Ads Rule #12: Be sure rewrites achieve exactly the same goal as the original ads: core message, target, call to action.

35   Translating Ads Rule #13: If your translated ad doesn't sound compelling/convincing, either the ad is bad or your translation is.

36   Need to translate a FR ad into EN? The best adaptations are "a delicate dance between restraint and creativity" (Susan Spies).

37   In advertising, think "verbs," especially imperative verbs: Save! Enjoy! Give! Go! Act now!

38   Positive wording (Remember! Act now! Save!) is usually better than negative wording (Don't forget! Don't miss out!) in advertising.

39   In advertising contexts, translators should feel free to suggest the use of bold or italic, or any other appropriate graphic elements.

40   Alliteration is fun to use when translating ads, e.g., "complete, concise, convenient" instead of "complete, brief, practical."

41   If you have a choice between two wordings in an advertising text, choose the one that most resembles how people actually talk.

42   If you have to skip a neat image or play on words in an ad because it doesn't translate well, try to add one back in somewhere else.

43   Abstract nouns (abundance, freshness, etc.) are not advertising friendly. Think short and snappy (lots! fresh!) and reword accordingly.

44   Before using slang/regionalisms/profanity/etc. in an ad, ask yourself this: Would I approve my translation if I were the advertiser?

45   Avoid the word "whom" in advertising copy unless you are deliberately aiming for a formal EN effect.

46   *Communication* used in an ad context in FR often translates as "promotional": *activités de communication* = promotional activities.

47   In advertising, "creatives" (plural) are the people who do the creative work, and "creative" (singular) refers to concepts they develop.

48   *Communication-marketing* is frequent in FR advertising circles. The EN equivalent is "marketing communications/marcom."

49   Typical FR headline: *Vous êtes déjà client?* In EN, use a sentence fragment (Already a customer?) or invert (Are you already a customer?).

50   You'll often see *On vous attend* in FR ads. Translating this as "We're waiting for you" sounds a bit menacing. How about "Join us"?

51   In marketing texts remember the convenient, simple word "off" (*rabais de X $* = $X off). "$X discount" is too official and stuffy sounding.

52   In an advertising context, *groupe de discussion* is a focus group, not a discussion group.

53   Remember that the verb "await" makes an elegant alternative to "wait for" in many contexts. It is particularly useful in advertising.

54   When you see *Voici notre nouvelle collection/notre nouveau produit*, it is more idiomatic to say "Introducing our new . . ." than "Here is . . ."

55   Translating an ad? Ignore the rule about spelling out numbers under 10 or 100. Advertisers prefer figures: 2 days, 3 weeks, 4 offers.

56   Ad copy full of colons, semicolons, or ellipses is less compelling. Try commas or dashes, or reword to lighten punctuation.

57   FR slogans built around the word *je* (*Je m'engage!*) are usually best in some other form in EN, such as imperative verbs (Count me in!).

58   Avoid rare, literary, or archaic words in advertising unless they are being used to create a special effect.

59   "Expansive" is a great word, but avoid it like the plague in advertising—it can be confused with "expensive."

60   Using nonstandard EN to translate an ad (slang/regional dialect)? Be sure it suits your target audience and does not offend.

61   Translating an ad that contains a slogan? Check if the slogan is already translated—and use that translation whether you like it or not.

62   Translating/writing a radio commercial? Remember that humans comfortably hear and vocalize speech at 150–160 wpm.

American/British/Canadian English

63   For North American EN, think "drop the *s*." Among, not amongst. Amid, not amidst. Toward, not towards. Backward, not backwards.

64   "Age" appears to be supplanting "aged" in expressions like "people age 65 and over," particularly in North America.

65   It is North American style to follow "e.g." with a comma, British to drop it. But most of all, make sure you are consistent.

66   Translating *date d'expiration*? Say "expiration date" in the US, "expiry date" in Canada.

67   It is US style (and usually a good idea) to limit the pronoun "which" to nonrestrictive relative clauses (i.e., adding nonessential info).

68   For *toilettes* in a public facility, say restroom (US)/washroom (Canada)/(public) toilets (UK). Avoid bathroom (ever seen a bath in one?).

69   In the UK say "call (someone) **on** (such and such a number)," but in NA say "call (someone) **at** (such and such a number)."

70   Translating *hein?* Make it "huh?" in the US, "eh?" in Canada.

71   Attention all Canadians (and especially Ontarians): "eavestrough" is a regionalism. For broader use, translate *gouttière* as "gutter."

72   "To get" often sounds more natural than "to obtain/procure," but remember its past participle is "got" in the UK, "gotten" in the US.

Anglicisms

73   Watch out for anglicisms by FR authors. Usually *charge* in FR = "load" in EN, but the author may in fact mean "charge."

74   The word "impact" is criticized in FR as an anglicism, so why switch it to "effect" when translating into EN? Anglicisms are fine in EN.

75   *Éventuellement*: Normally means "possibly," but could be an anglicism in FR meaning "eventually/ultimately." Be careful!

76   *Global*: Sometimes the FR *global* is an anglicism meaning "global," other times it is a deceptive cognate meaning "overall" or "high level."

77   Anglicism alert: Some FR speakers use *délai* in the sense of "delay." Ascertain before translating as "turnaround/delivery time."

Articles

78   Acronyms do not require definite articles unless they are very well known (the FBI, the WHO, the UN, but "He's a member of ATA").

79   Never use a definite article with an acronym that can be pronounced as a word: UNICEF, UNESCO, OTTIAQ, etc.

80   Does your sentence start with *ce* in FR (or *cet/cette/ces*)? Try just saying "the" in EN (or "such"). "This" is often too demonstrative.

81   You can drop articles in front of "quality of life" in EN: enjoy (a) good quality of life. In FR: *une bonne qualité de vie*.

The Arts

82   In the arts world, a *diffuseur* of an event is often a **presenter**. By the same token, try "presentation" for *diffusion*.

83   In the performing arts, *diffusion* can sometimes be translated as "performance" and *lieux de diffusion* as "venues."

84   The FR *personnage* is usually "character" in the arts world, but often "figure" or "personality" in public life or politics.

85   To translate *spectacle à grand déploiement*, consider "blockbuster/extravaganza." "Megashow" looks EN but is more common in FR (*mégashow*).

86   Have a list of convenient synonyms for the noun "show": celebrations, awards, extravaganza, blowout, festivities, ceremonies.

87   Consider "venue" as a translation for the FR *site* when talking about fairs, festivals, celebrations, etc. It has a nicer ring to it.

88   Sometimes the FR words *création/créateur* are best translated as "design/designer." Two other options: artist, talent.

89   FR uses *happening* more than EN to designate big events. In EN, keep for artistic contexts or as an adj. to translate *branché*.

90   Remember that in show business, the FR word *distribution* does not translate as "distribution," but rather "cast" or "casting."

91   The reflex is to translate *ébauche* as "draft," but remember that in art contexts the correct word could be study, sketch, or outline.

92   Art mags/publications often name private collections using FR word order: Collection John Smith, not John Smith Collection.

Business

93   *Procédé* in a business context is almost always a **process** in EN, not a procedure.

94   *Espace* in the sense of *espace économique* or an area at a museum or other attraction is usually a **zone** in EN, not a space.

95   "Locate" can be a short and stylish translation of *s'installer* instead of saying that a business has set up shop.

96   FR business writers refer often to *secteurs*. Although "sector" is used in EN, "industry" may be a more idiomatic choice.

97   Save "client" in EN for the buyers of professional services (lawyer/architect/designer/etc.). In other cases say "customer."

98   *Saine gestion/gouvernance* is not "healthy management/governance" in EN, but rather "**good** or **sound** management/governance."

99 FR businesses talk often of their *passion*. In EN, dedication/ commitment/devotion are more common, esp. in nonartistic fields.

100 For conference schedules "refreshment break" is more idiomatic than "health break" as a translation for *pause santé*.

101 FR uses the EN word *stand* for trade shows, but it's usually best to switch it to "booth" in NA. "Stand" sounds like it's for Kool-Aid.

102 "Convention" has a trade show/sales ring to it. When professionals gather, consider "conference/congress" as a translation for *congrès*.

103 For the FR word *conférence*, consider conference, lecture, talk, seminar, meeting, presentation, discussion, symposium, forum.

104 *Institutionnel* can often be translated as "corporate" in EN, especially in reference to a private organization or business.

105 The temptation is strong to translate *liens* as "links," but consider "ties" or "connections" in non-Web contexts.

106 Translate *MC* (*marque de commerce*) as "trademark," and *MD* (*marque déposée*) as "registered trademark."

107 In business FR, *mobiliser* often means "motivate" or "engage." Other options: take ownership/achieve buy-in/incent.

108 Check company names for official translations, e.g., Cirque du Soleil (no), Hudson's Bay Co. (yes, *Cie de la Baie d'Hudson*).

109 Business EN loves the 1st person (we/us). Business FR loves the 3rd person (*la société/elle*). Consider switching when you translate.

110 On a CV, *administrateur* usually means "board member" or "director," not "administrator."

111 FR>EN translators tend to translate *entreprise* as "company," but "business" often works well, as can "outfit/concern/firm."

112 If you want to be faddish and jargony and faux-businesslike, translate *parler à* or *communiquer avec* by "to reach out to."

113 "Overview" is a handy translation for *présentation (générale)* and sounds much more idiomatic than "general presentation."

114 A smart translation for *dorénavant*, especially in business writing: "going forward."

115 *Filière* is often just a fancy way to say "industry": *la filière porcine/nucléaire* = the pork/nuclear industry.

Capitalization

116 Capitalization is different in FR and EN. Do not apply EN capping conventions to organization names and book/article titles left in FR.

117 The word "boreal" is not a proper noun and therefore does not require a capital in EN.

118 When a list of items follows a colon, the first item is often capitalized in EN but not in FR.

119 Not capped in titles: articles (a, an, the), prepositions under 5 letters (on, into, etc.), conjunctions (and, or), the "to" in infinitives.

120 Capped in titles: nouns/pronouns/verbs/adverbs/adj./words after colons/that/which/long words (5 letters or more)/1st and last words.

121 "Greater Toronto Area" should be capitalized as it designates a specific geographic place. Toronto-area newspapers often refer to the GTA.

122 Some francophones tend to write company names in caps. Before doing the same, check the company website for the "official" spelling.

123 FR capitalizes *État* when it means "state." Only capitalize in EN if it is part of an actual place name (e.g., New York State).

124 The verb form "is" may only be two letters long, but it is still a verb and should be capitalized in titles.

125 The "euro" in "euro zone" is a currency, not a geographical place, so there is no need to capitalize it.

126 Capitalize north(ern)/south(ern)/east(ern)/west(ern) only if part of an official place name: North Carolina, but northern Virginia.

127 Capitalize compass points used to name identifiable geographic areas. US ex.: the South, North, East, West, Midwest, Northeast, etc.

128 Compass points to capitalize in Canada: South, North, East, West, Western Canada, but eastern/northern Canada, southern Ontario, etc.

129 When a museum/institute/etc. uses a capital on its shortened name (le Musée/l'Institut), keep the capital in your translation.

130 We prefer not to capitalize "francophone" or "anglophone," despite Microsoft Word's attempts to do it automatically.

131 Capital letters are much more frequent in EN than in FR, so your EN translations should have more of them, too.

132 To visually link multiple words, you may italicize, hyphenate, put in quotes, capitalize, but do only 1—not 2, 3, or all 4 at once!

133 Only capitalize academic degrees and honors when they are part of someone's official title, e.g., Josh McGillicuddy, Doctor of Law.

134 If part of a text is all in caps, it is best to keep the translation all in caps unless there is a good reason not to.

135 *The Chicago Manual* now recommends that generic elements of place names be capitalized when pl. (the Black and Red Rivers, not rivers).

136 Best to avoid caps on job titles unless they're used business card–style: "Joe Big, Vice President," but "vice president Joe Big said . . ."

137 Attention earthlings: Capitalize "earth" if a planet or used with other planets, no caps when referring to dirt or in general contexts.

138 FR often capitalizes only the 1st letter in acronyms for international orgs (*Unesco, Onu*, etc.); use all caps in EN (UNESCO, UN, etc.).

139 Don't think that 2 and 3 letter words are never capitalized in titles. Nouns, pronouns, and verbs are capitalized no matter how short.

140 Capitalize all verbs in headlines, including "is" and words like "up" in "follow up."

141 Unlike FR, EN capitalizes the generic part of toponyms (river/lake/mountain/etc.): *rivière de la Paix*/Peace River.

142 Latin plant and animal names (genus, species) are italicized. Capitalize the genus name.

Collective Nouns

143 "Product" is often a collective noun in N. American EN ("to sell product"), but not in FR, where it is plural (*vendre des produits*).

144 If translating into British EN, it is acceptable (and even desirable) to accord collective nouns with plural verbs: "The team have . . ."

145 "Government" and "industry" make good collective nouns to refer to all who work in the fields (FR: *administration publique, industriels*).

Connotations

146 The best translation for *collectivité* is usually "community." The EN word "collectivity" can have political connotations.

147 The word "attitude" can have a negative connotation in EN: That waiter has such attitude/*Ce garçon de table est si hautain.*

148 For white collar workers say "professional development" for *formation continue.* "Skills/worker training" can sound too hands-on.

149 Best to translate *notoriété* as "fame" in EN. Its lookalike "notoriety" can mean *tristement célèbre* and have negative connotations.

150 **1** "Trendy" can have a negative connotation in EN. Consider the more neutral "trendsetting" as a translation for the FR *tendance.*

151 **2** If the FR *tendance* is intended to be negative, "trendy" makes a wonderful EN translation.

152 If *destin* is used with a positive connotation in FR, say "destiny" in EN; if negative, say "fate."

Consider Saying This

153 *Dès que possible* = As soon as possible. But also consider saying "at my/your/his/her/their first opportunity/earliest convenience."

154 *Excellent*: Used in both FR and EN, but the FR word is often better translated in EN as great, wonderful, etc.

155 "International caliber" makes a much more elegant qualifier than "world class": international caliber research.

156 "As the case may be" is sometimes just right as a translation of the FR *s'il y a lieu* instead of "if needed/as applicable/etc."

157 The FR verbs *mesurer* and *évaluer* don't always have to translate as "measure" or "evaluate." Consider saying "gauge."

158 Remember to use the word "once" wherever appropriate when translating the FR word *quand.* It often sounds better than "when."

159 When you come across *par exemple* in FR, ask yourself each time whether "for instance" sounds better in your EN context.

160 Remember that the FR verb *refuser* can be translated as "reject" or "turn down," in addition to "refuse."

161 Ideas for translating *notamment*: namely, notably, particularly, including, in particular, especially, specifically. Pick the best one.

162 "Any" is often a more suitable translation than "all" for the FR *tout(e)*: *toute question* = any question; *toute personne* = any individual.

163 "To field" is a good verb to use with "request" or "complaint," instead of always saying "to respond" or "to handle."

164 When translating the FR word *traditionnel*, consider "conventional" or "classic" in addition to the usual translation "traditional."

165 "Leading" is often a good word for translating *grand, d'envergure*, or *majeur*: *les grands musées* = leading museums.

166 Keep your eye open for contexts where the word *déjà* can be translated as "before": *As-tu déjà fait du ski?* = Have you skied before?

167 Try "fact-finding mission" to translate *voyage d'information*.

168 FR>EN translators are quite fond of the verbs "to underline" and "to emphasize," yet "to stress" makes a short, stylish alternative.

169 Where FR says *ce* at or near the start of a sentence (e.g., *Dans ce cas...*), consider saying "such" in EN ("In such a case . . .").

170 Write "to choose" every time you see the FR verb *choisir*? Naughty you! Sometimes "to pick" is better—or even "to pick and choose."

171 Ever thought of using "terrific" to translate *grand*? *Ce fond offre une grande souplesse* = This fund offers terrific flexibility.

172 A quick tip: The FR word *élément* is often best translated as "item" or "point" instead of "element." Check your context.

173 Where a FR writer writes *Tadam!* an EN translator could very well translate "Voilà!"

174 Good words for translating *passionné*, in addition to "passionate": devoted, committed, dedicated, hard-working.

175 "Rigorous" is overused as a translation of *rigoureux*. Consider "meticulous/thorough/painstaking/careful/strict/stringent/severe/tight."

176 *Apprécier*: "Enjoy" or "appreciate" often work, but also consider "value/prefer/like/love/consider/judge/estimate/appraise/welcome."

177 Ever thought of using "to join forces" as a translation for *collaborer*?

178 For *documentation* or *documents d'information*, consider saying "literature" in EN.

179 Don't be afraid to use "introduction" to translate *implantation*: *implantation de lignes de tramway* = introduction of tramway lines.

180 As useful as "moment" and "period" are to translate the FR words *moment* and *période*, you can often also say "time."

181 Ever thought of translating *intéressant* as "instructive"? *approche intéressante* = instructive approach.

182 In many contexts, "to proliferate" makes a good EN translation of the FR *se multiplier*.

183 Translating *à l'international/au niveau international*? Try "abroad" or "internationally" rather than "at the international level."

184 Sometimes *hypothèse* is best translated as "assumption," not "hypothesis," especially in nonscientific texts.

185 How about translating *meilleur* as "savviest"? *Le meilleur service marketing de Montréal* = Montreal's savviest marketing department.

186 Translating *réduire l'écart*? Consider changing perspectives and saying "make up ground" instead of "close/reduce the gap."

187 *Parfaitement* can sometimes be translated as "deadly": *Il est parfaitement sérieux* = He is deadly serious.

188 For the verb *réfléchir*, in less formal contexts "to put on your thinking cap" may work nicely.

189 "Do you know X?" may be too literal a translation for *Connaissez-vous X?* Try "Have you (ever) heard of/Are you familiar with X?"

190 All walks of life: Rare in EN translations. Remember it for *tous les horizons/secteurs/milieux* and *toutes conditions/sphères/natures*.

191 Remember that *ville* isn't always "city" in EN. "Town" can work, even for bigger cities: in town/on the town/downtown/town and country.

192 When you see the word *citoyen* in FR, consider just saying "people" in EN (or residents/Canadians/Americans/taxpayers/etc.).

193 Remember that one possible translation of *comprendre* is "to appreciate."

194 *Confidentiel* is sometimes "private," not "confidential," e.g., "protection of private information/privacy protection."

195   When the FR verb *proposer* means "suggest," it is often better to say "suggest" in EN rather than "propose." Also consider "put forward."

196   The FR verb *définir* is often best translated as "identify" rather than "define."

197   *Compter sur*: Only occasionally "count on/rely on." Consider "look to/look forward to/boast/draw on/be made up of/be backed by/have/expect."

198   Is *traditionnel* really traditional? *Approche traditionnelle* may be better rendered as "conventional approach."

199   *Respect des balises*: "compliance with guidelines" sounds more natural than "respect for guidelines." *Balises* can also be a "roadmap."

Correspondence

200   FR business letters put job title first, then signature, then name. In EN, switch to signature first, then name, then title.

201   "Mrs." can imply an older married woman, particularly in Canada, so use only if you're sure it is preferred. Otherwise say "Ms."

202   Replace long, formal greetings at the end of FR business letters with "Sincerely (yours)." For emails, "Best" is frequent in the US.

203   Capitalize all words in the salutation of a letter, e.g., "Dear Customer," not "Dear customer."

204   Translating a FR business letter that starts *Monsieur* or *Madame*? Remember to add "Dear" (Dear Sir) or "Dear" + surname ("Dear Ms. Smith").

205   *Madame, Monsieur* at the start of a FR letter is "Dear Sir or Madam" or "To Whom It May Concern" in EN, not "(Dear) Madam, Sir."

206   EN makes more generous use of "Dr." than FR, extending it to nonmedical doctors. You may need to switch *M./Mme* to "Dr." when translating.

207   In NA, use a colon in the salutation of formal letters, a comma in informal letters (Dear Aunt Bess, . . . but Dear Mr. Harper: . . .)

Cultural Adaptation

208 Translating *réveillon de Noël* as "Christmas eve/night" may be culturally inaccurate if your audience celebrates Christmas day.

209 **1** When translating FR>EN, it's often best to switch Quebec to Canada: *une entreprise québécoise* = a Canadian business.

210 **2** Good to know! @RosemaryKneipp Same applies to *anglais*: *un film anglais* becomes a British film.

211 *Québec*: If used as though a country *(les ports du Québec et du Canada)*, dispel the confusion in EN ("ports in Quebec and across Canada").

Dates

212 "As at (date)" is the most common way to express a date in financial reports in Canada, but "as of (date)" is very prevalent in the US.

213 In FR texts that use *dernier* to refer to recent dates (e.g., *le 7 mai dernier*), there is no need for the qualifying "last" in EN.

214 Dates expressed numerically in FR (5/6/2010) must be re-ordered for N. American EN (6/5/2010). Better yet, go metric: 2010-06-05.

215 Business EN does not use ordinal numbers for dates. Write "July 3" (US style) or "3 July" (UK style), but not "July 3rd."

216 Be careful with "next." Its proper meaning in reference to days/ months is the second one still to come (this Monday *vs* next Monday).

217 When referring to decades or centuries, there is no need for an apostrophe after the number: the 1980s, the 90s, the 1700s.

218 Consider dropping the "from" in date ranges used as headings: "June 11 to July 15" instead of "from June 11 to July 15."

219 Writing dates: US in full (June 7, 2012), UK in full (7 June 2012), US numerals (6/7/2012), UK numerals (7/6/2012), metric (2012-06-07).

220 To avoid confusion with dates, write them out in full if there is space or use the metric system (YYYY-MM-DD).

221 In business EN, don't use an ordinal number for the first of the month ("May 1st") just because FR does (*1er mai*). Write "May 1".

Education

222 For university studies: *1er cycle* = undergraduate; *2e cycle* = master's; *3e cycle* = Ph.D.

223 *Rentrée* = back-to-school, but not always: *Les bons fromages et vins sont parfaits pour la rentrée.* Wine and school? Try "fall season" in EN!

224 *Direction d'école*: Can refer to an actual person (*une nouvelle direction d'école* = a newly appointed school principal).

225 *Profession* in French is often "occupation" in English, or what you do for a living. And *école professionnelle* is a vocational school.

Eliminating Words

226 When you say "groups of 10 to 100" (or any other number), there is no need to add the word "people" afterwards.

227 Finished your translation? Search for the word "some" and see how many of them you can simply remove.

228 There is no need—ever—to write "off of." Eliminate the second word, and you will see that everything still makes sense.

229 Whenever tempted to translate *cette situation* as "this situation," check whether you can drop the word "situation." Often you can.

230 Do you really need to translate *intervenants* in *intervenants de l'industrie/du milieu*? Why not just say "the industry/the community"?

231 If *différent* comes before the noun in FR (*différents choix*), you can sometimes drop it in EN. Or say "various" instead.

232 *Dès aujourd'hui* usually means just "today," not "from today" or "starting today": *Téléphonez dès aujourd'hui* = Call today.

233 *Requis* and *nécessaire* often require no translation at all: *l'expérience requise pour faire le travail* = the experience to do the job.

234 In sentences that start *Ce/Cet/Cette* + noun, you can often simply eliminate the noun: *Cet ajout entraînera...* = This will cause . . .

235 Sometimes the word "long" all by itself can replace "for a long time": He has hoped for a long time that . . ./He has long hoped that . . .

236 Don't write "moreover" every time you see *par ailleurs*. A simple word like "also" could be the best translation—or nothing at all!

237 Remember the short and convenient EN words "inquire" and "inquiry" for *demander de l'information/demande d'information*.

238 The FR word *notamment* often disappears in translation. EN writers don't feel the need to say the action/thing in question is one of many.

239 Studies by David Jemielity show that EN translators overuse the word "notably" in financial texts. Tip: Drop it altogether.

240 Before translating *quelques* or *plusieurs* as "a few/several," consider whether you can drop the word altogether.

241 A long FR organization name repeats in your EN text? Shorten where you can by saying "Corporation/Museum/Ministry/Commission/Board/etc."

242 *En quelques minutes*: Why say "in a few minutes" if "in minutes" is enough? Here's another: *à quelques pas du coin* = steps from the corner.

243 Another way to shorten your EN translations: *Cliquer sur l'une ou l'autre de ces options* = Click on an option.

244 *Une majorité de...*: Why translate "a majority of" when most of the time you can just say "most"? Short and sweet!

245 Before writing "be able to," consider saying "can." It's a short, convenient alternative that covers both the present and the future.

246 *Enfin* is sometimes just a marker in FR to let you know you've reached the last item on a list. Consider dropping it altogether in EN.

247 Some FR writers use the word *surtout* the same way as *enfin*, for its emphatic value. You don't always need to say "especially" in EN.

248 *Réserver*: Often "to set aside/to earmark," notably in budgets. Or consider removing: *1 M$ réservés au projet* = $1 million for the project.

249 *Su* as in *on a su démontrer* sounds expendable to EN ears. Drop the "were able to show/successfully showed" and just say "showed."

250 Before writing "indeed," try to find a different word—or eliminate it altogether. It's often too formal or too strong in translations.

251 Where FR says *le présent guide/rapport/règlement*, why not simply say "this guide/report" or "these rules" in EN?

252 There is rarely any need to write "half of." Get rid of "of," and things should still sound fine.

English Into French

253 For EN>FR translators: The FR texts we receive don't often use *comment* in the sense of "how." Should your FR translations?

254 For EN>FR translators: The FR texts francophones send us almost never contain em-dashes (long dashes). Should your FR translations?

255 For EN>FR translators: The FR texts francophones send us almost never say *Souvenez-vous*. Why translate "Remember" that way?

256 Translate into FR? Keep *rassembleur* in your toolkit of expressions—it's great in any context that describes bringing people together.

257 "Entrées" on an EN menu are not *entrées* in FR, but rather *plats principaux/de résistance*.

258 *Vous dites-vous « traducteur freelance » dans votre CV? Notez qu'aucun client canadien n'engage de traducteurs affublés d'un tel anglicisme.*

Environment

259 "Durable" can be the same in EN and FR. Don't say "sustainable" every time just because *développement durable* = sustainable development.

False Anglicisms

260 Watch for cases where *opportunité* means "suitability," its original FR meaning. If you keep "opportunity" your EN will sound illogical.

False Gallicisms

261 Although *objet* is usually "item" in EN, keep the word "object" when referring to objects in a museum.

262 The translation of *aide* is often, quite simply, "aid" (e.g., "financial aid agreement"). Don't say "assistance" or "help" every time.

263 Sometimes the best EN translation is the word that looks the most like the FR: *Elle est en bonne forme aujourd'hui*/She's in fine form today.

264 "Fabrication" seems FR but is sometimes the correct word: metal fabrication (6,120,000 hits) *vs* metal manufacturing (2,110,000 hits).

Fashion

265 **1** Need to translate *enveloppant*? Try "cozy/comfy/snuggly/cocoon/ wraparound/body-hugging (clothing), soothing/caressing (massage)."

266 **2** More ideas for *enveloppant*: heady/luxurious/lavish/delicious (fragrances), cozy/intimate (décor), generous/full (sizing).

267 A FR *camisole* can be a cami, tank, or shell in EN. When in doubt, ask for a picture.

268 *Élastique* can mean "elastic" or "stretch." Pay careful attention to context.

269 "Camisole" can sound matronly to tweens, while "cardi" is too girly for most men.

270 A FR *boxeur* can be a boxer or boxer brief in EN. Make the distinction!

271 For an upscale feel in fashion copy, remove the final *s* from pants/ shorts/jeans.

272 *Veste* is a "jacket" in EN, but some people (particularly in Quebec) use it to mean "vest" (a sleeveless garment). Always check.

273 Fashion alert: The FR word *boucle* can mean "buckle" or "bow." Make sure you choose the right EN equivalent.

Finance

274 For *financement*, say "financing" if a loan, "funding" if a grant (e.g., gov't funding), and "fundraising" if donations are solicited.

275 *Dollar* is frequently spelled out in FR (e.g., 4 millions de dollars). Switch to a dollar sign in EN as appropriate: $4 million.

276 Quebec's biggest financial institution, Mouvement Desjardins, goes by the EN name of Desjardins Group.

277 Studies show EN translators overuse "allowed" in financial texts (*a permis*). Tip: Invert subject/object and use verb "to drive."

278 Studies by David Jemielity show that EN translators overuse the word "evolution" in financial texts. Tip: Think "grow/develop/change, etc."

279 Popular words in US and UK annual reports that translators disregard: deliver, drive, franchise, experience. Find a place for them!

280 *Le montant s'élève à 800 $* = The amount **is** $800, not rises to $800.

Food/Wine/Restaurants

281 "Gastronomic" may not be the best translation for *gastronomique*. Consider "gourmet/fine cuisine/fine dining/epicurean/refined/delicious."

282 We all know that *cuire* is "to cook" in EN, but when was the last time you "cooked" a pie? Remember, *cuire* is sometimes "to bake"!

283 *Le nez... très séduisant de fruits mûrs...* = A come-hither bouquet of ripe fruit . . . Our first "come-hither" in 18 years of translation!

284 Don't be fooled by *déjeuner*: It means "lunch" in France, but "breakfast" in Quebec.

285 Don't be fooled by *dîner*: It means "dinner/supper" in France, but "lunch" in Quebec. Supper in Quebec is . . . *souper*!

286 Don't be fooled by *lunch* (and its counterpart *luncher*) in Quebec FR: It can mean a midnight snack/late-night meal.

287 In Quebec: *table d'hôte*. In France: *formule* or *menu*. In EN (surprisingly enough): prix fixe. Or simply say "full-course meal."

288 In the UK the entrée is the dish served before the roast beef or between two main courses.

289 Remember that *entrées* on FR menus are starters or appetizers in EN. On North American menus, "entrées" are main dishes.

290 3 stars in France (*Michelin*) equals 4 stars in NYC (*NY Times*). For a US audience, you may have to add a star to convey dining prestige.

291 Careful with *cidre*. It usually translates as "hard cider"; otherwise North Americans will think you mean nonalcoholic cider.

Frequency

292 You'll encounter *citoyens* in FR more than "citizens" in EN, which uses words like "taxpayers/Canadians/Americans/etc."

293 FR borrows *nota bene* (and *N.B.*) from Latin much more than EN does. "Note" and "Please Note" are more common in EN.

294 Both EN and FR use "ad hoc," but it is more common in EN. It often makes a good translation of *ponctuel.*

295 Don't write "rapidly" just because the FR says *rapidement.* Remember that "fast," "quick," and "quickly" are very common in EN.

296 Why translate "within X following" just because you see the word *suivant* in FR? "Within X of" is twice as common in EN.

297 Ever noticed how FR often says *N'oubliez pas* where EN says "Remember"?

298 EN translators often forget to use the word "big" even though it's shorter and more common than "large," and sounds better in many contexts.

299 Don't automatically translate *soir* as "evening." For example, it is much more common to say "last night" in EN than "last evening."

300 "In conjunction with" is four times more prevalent in EN than "in collaboration with." Remember this when translating from FR.

301 FR>EN translators almost never write "as a matter of fact" (*d'ailleurs/en fait*) but the expression is common in EN (61 million Google hits).

302 Hits for the word "we" in annual reports: if written in EN in the US or UK (>175); if translated into EN (≈10). (Study by David Jemielity)

303 Short, snappy sentences (<8 words) are very common in business EN, but uncommon in business FR (David Jemielity). Strive for brevity.

304 Hits for the word "our" in annual reports: if written in EN in the US or UK (250); if translated into EN (≈45). (David Jemielity)

305 According to David Jemielity's word use frequency study, "offset" averages 3 hits per translated annual report, 32 per original EN report.

306 **1** The verb "urge" is rare in EN translations. Is it because FR writers tend to "invite," and EN translators say that instead of "urge"?

307 **2** In contexts where FR writers politely "invite," perhaps EN writers pushily "urge." A theory to explore!

308 **3** Compare: *Je vous invite à prendre connaissance de la documentation ci-jointe* = I urge you to consult the attached documentation.

309 "Concrete solutions" certainly translates *solutions concrètes*, but Google tells us that "hands-on solutions" is twice as common.

310 Use literary or rare words sparingly in your translations. As lovely as they may be, they can make your text sound overwrought.

311 *Créneaux d'excellence* (331,000 hits)/niches of excellence (9,500 hits): A result like this means the translation is not idiomatic.

312 Googling for colloquialism: Do we say "for the pleasure of all" in NA? 500,000 US hits *vs* 11 M for "for all to enjoy." Answer: No, reword.

313 We cooperate more than we collaborate in EN. Translators forget this and overuse *coopération* in FR while underusing "cooperation" in EN.

314 *Déjà* = already (but not always): *En as-tu déjà entendu parler?* = Have you (ever) heard of that (before)?

315 At least half the time, you should translate the FR word *excellent* some other way in EN: remarkable, superb, delicious, etc.

316 Be careful with *élément*. It is used much more in FR and can often be rendered in EN as issue, component, etc.

317 Listen to your inner ear: "Such a great reputation" gets 10 times more hits than "such an excellent reputation."

318 Study by David Jemielity shows EN translators overuse these words in annual reports: allowed, notably, evolution, dynamic, pursue, optimal.

Gallicisms

319 A fun EN–FR deceptive cognate chain: fluently = *couramment*; currently = *actuellement*; actually = *réellement*; really = *vraiment*.

320 *24 h/24 heures* or *24 heures sur 24* is usually translated as "24/7" in EN, not "24 hours."

321 *Accepter*: In many contexts the FR verb *accepter* should be translated as "approve," not "accept."

322 *Accessible*: Always check context to see whether the FR word *accessible* means "accessible," "affordable," or "available."

323 *Accessible*: When the FR word *accessible* means "easy to get to," why not just translate it that way?

324 *Accompagnement*: Often means "help/support/assistance/coaching" or even "support and assistance." Avoid "accompaniment" in these contexts.

325 *Activité*: In FR, businesses have *activités* whereas in EN they generally have "operations." Choose the right word for your context.

326 *Adéquat*: Rarely translates as "adequate." *Adéquat* means "ideally suited to its purpose," so try "perfect/ideal/proper/appropriate."

327 *Administration publique*: If a place of work in FR, say "government/civil service/public service" in EN, not public administration.

328 *Amérique*: In FR, *Amérique* usually means "North America" (especially in Quebec) whereas in EN "America" usually means the United States.

329 *Ancestral*: "Ancestral home" means the home of one's ancestors in EN, whereas *maison ancestrale* often means "heritage/historic home" in FR.

330 *Appréciation*: Often means "assessment" or "rating." Don't mistake it for "recognition" or "thanks."

331 *Associé*: Watch out for the word *associés* in a business context. It usually means "partners," not "associates."

332 *Aval/amont*: En *aval/en amont* are used figuratively in FR to mean "before/after." Do not use "upstream/downstream" this way.

333 *Avant*: To express a deadline in EN, say "by" such and such a date, not "before" as in FR. *Poster avant le 4 mai* = Mail by May 4.

334 *Avantage*: FR talks a lot about the *avantages* of a product or service, but EN tends to use the word "benefits" instead.

335 *Cabinet*: *Cabinet du ministre* = minister's office; *cabinet de traduction* = translation company.

336 *Capacité*: Say "ability" or "capability" in EN if the word means "competence" (*capacité d'apprentissage de l'anglais* = ability in English).

337 *Chandelier*: Means "candleholder" in FR. What the English call a chandelier, the French call a *lustre*.

338 *Cocktail*: *Cocktail* can mean a drink **or** party. If it means a party, be sure to say so in EN—it can be messy to "throw a cocktail"!

339 *Commerce*: Although both an EN and a FR word, the FR version often switches to "trade" in EN (*accord de commerce* = trade agreement).

340 *Compétence*: Watch out for the word *compétence*. In reference to a level of government, it means "jurisdiction," not "competence."

341 *Concurrents*: Where FR talks about *les concurrents*, EN usually says "the competition," a collective noun, not "the competitors."

342 *Conférence*: A FR *conférence* is a talk or lecture in EN, whereas an EN "conference" is usually a *congrès* in FR.

343 *Confidentiel*: Sometimes "private," not "confidential," e.g., *renseignements confidentiels* = private information.

344 *Construction*: Can mean an actual building in FR, but in EN designates only the act of building something.

345 *Contrôle*: Don't assume *contrôle* is "control" in EN. Think "audit/verify/check/test/monitor/track, etc."

346 *Coordonnées*: Translate as "contact information/name and address/name, address and phone." "Coordinates" refers to longitude and latitude.

347 *Dans ce contexte*: Rarely translates as "in this context" (given this/in light of this fact/to this end/in the process/therefore).

348 *Délai* is the time it takes to do something. It is not a "delay." Possible translations: turnaround/delivery time/lead time/period.

349 *Délai de livraison très court* = "fast delivery," not "short delivery time."

350 *Demande*: Rarely a demand in EN, only sometimes a request, often an application or an inquiry. Choose carefully.

351 *Déterminant*: Tempting to translate as "determining," but the best choice is usually "decisive" (*un rôle déterminant* = a decisive role).

352 *Développer un projet*: The FR says *développer un projet*? Consider whether it means "draw up plans" instead of "develop a project."

353 *Disposer*: *Disposer* means "to have/possess/have at one's disposal"—it is very, very different from "to dispose of"!

354 *Échange*: In a business/government context, the FR word *échanges* often translates in EN as "trade," not "exchanges."

355 *Évoluer*: A FR business/organization/etc. is said to *évoluer*? This is not "evolve" in EN, but rather "operate/be present" or simply "be."

356 *Exceptionnellement*: Cannot be translated as "exceptionally" when it means "this time only" or "as an exception."

357 *Favorable*: Translate *des plus favorables* as "highly favorable"? How about this: *Un impact des plus favorables* = A very positive impact.

358 *Important*: Can have other meanings in EN. Check context and consider "significant/leading/great/considerable/big/serious/prominent/etc."

359 *Intérêt*: Not a perfect match for "interest." Consider this: *intérêt du projet* = project's appeal/benefit/value/importance/worth/etc.

360 *Large*: Be on the alert for the FR word *large*. It should usually be translated as "broad" or "wide" in EN, not "large."

361 *Mandat*: Not always a mandate in EN (*Notre agence a obtenu quatre nouveaux mandats* = Our agency has landed four new accounts).

362 *Mandat*: Not always a mandate in EN (*Notre firme a beaucoup de mandats* = Our firm has a lot of work).

363 *Mandat*: Not always a mandate in EN (*Notre mandat est de trouver le coupable* = Our job is to find the guilty party).

364 *Mandat*: Not always a mandate in EN (*Voici votre mandat pour la semaine* = Here's your assignment for the week).

365 *Minimum*: *Un minimum de* means "at least some" whereas "a minimum of" means "as little as possible."

366 *Modifier*: In legislative contexts, translate *modifier/modification* as "to amend/amendment," not "to modify/modification."

367 *Offert*: Don't make the mistake of always translating *offert* as "offered": *forfaits offerts* = packages available.

368 *Offrir un cadeau*: Remember that we **give** gifts in EN, we do not offer them (give a gift: 158 million hits/offer a gift: 600,000 hits).

369 *Parfum*: Not always a scent or fragrance, but rather a flavor, a hint of something, or an emotional response (*parfum de mystère*).

370 *Personne*: Not always "person" in EN : *Toute personne peut...* = All individuals may . . . *Cinq personnes sont...* = Five people are . . .

371 *Perte*: Remember that in EN people **waste** their time, they do not lose it as in FR: *Quelle perte de temps!* = What a waste of time!

372 *Pertinent*: Sometimes the FR word *pertinent* is best translated as "worthwhile": *initiative pertinente* = worthwhile initiative.

373 *Plus ou moins*: Be very careful with this FR expression. Sometimes it means the opposite of "more or less."

374 *Professionnel*: In the Quebec CEGEP system, *formation professionnelle* means "vocational training," not "professional training."

375 *Ponctuel*: Can mean "punctual/on time," but usually means "one-time/one-off/single/ad hoc." Study your context carefully.

376 *Pot à café*: Not a coffeepot in EN, but a coffee canister. "Coffeepot" translates as *cafetière*.

377 *Projet*: Can be something you plan to do (*projeter*). If so, avoid "project" and say "plan(s)/undertaking/venture/draft/initiative/etc."

378 *Proposer*: The FR verb *proposer* does not always mean "propose/suggest/recommend." It can simply mean "offer" or "have."

379 *Protocolaire*: *Événement protocolaire* is usually just "official event." Save "protocol" for events actually organized by a Protocol Dept.

380 *Publicité*: Usually "ad/advertisement/advertising" in EN. "Publicity" means exposure or free advertising, which is not the same thing.

381 *Rabais*: Money off/discount at the time of purchase, not a rebate you receive later on.

382 *Réactivité*: In EN, "responsiveness" or "response time" (or use a verb: We're fast to respond). "Reactivity" sounds like nuclear physics.

383 *Région*: Not always "region" in EN. *Montréal et sa région* = Montreal and area; *histoire régionale* = local history.

384 *Regrouper*: Beware of *regrouper*. It can cause you to mix up "to group" (form a group) and "to regroup" (form a new group).

385 *Répondre à une question*: In EN we naturally say "answer a question." Don't let the FR fool you into translating as "respond to a question."

386   *Réseau*: The FR word *réseau* is not always "network" in EN. For instance *réseaux sociaux* = social media.

387   *Réseau de distribution*: In manufacturing and retail, usually called a **distribution channel**, not a distribution network.

388   *Résumé*: The FR noun *résumé* is a **summary** in EN, not a résumé, and the verb *résumer* means to summarize, not to resume.

389   Résumé: The EN word "résumé" is borrowed from FR, but FR uses a different word borrowed from Latin: *curriculum vitæ*.

390   *Séculaire*: Don't be fooled. *Séculaire* doesn't mean "secular" but rather "century-old/age-old/centenary/etc."

391   *Service*: Not always identical in EN and FR. Consider this corporate context: *Service des ventes* = Sales Department.

392   *Services publics*: In FR often means "(public) utilities" (electricity/waterworks/etc.), not "public services."

393   *Société*: Translate mostly Quebec FR? Remember that in France *société* often means "business/company." Don't mistranslate as "society."

394   *Solvabilité*: Solvency or creditworthiness, not solvability.

395   *Support*: When you see the FR word *support*, ask yourself whether it refers to a form of media. If so, say "medium" or "media."

396   *Territoire*: *Sur tout le territoire du Canada* = Throughout Canada. *Sur le territoire du parc* = Inside the park. Don't overuse "territory."

397   *Traitement*: Remember that in a nonmedical, nonspa context, the FR word *traitement* is usually "processing" in EN, not "treatment."

398   *Travailleur occasionnel*: Not an occasional worker in EN, but a **casual worker**, someone without a permanent contract.

399   *Végétal*: Rarely refers to vegetables, but rather plants. *D'origine végétale* = plant-based/plant-derived/plant source, depending on context.

400   *Vérification*: Only occasionally a verification in EN. Consider saying "check" or "inspection."

401   *Versatile*: A quality in EN, a shortcoming in FR. The EN "versatile" is *polyvalent* in FR; the FR is "fickle/capricious" in EN.

402   *Vice-présidence*: Can refer to an entire office or team in FR whereas a "vice-presidency" in EN is a function occupied by a single person.

Gallicisms You Can Use

403 Some gallicisms make good additions to an EN translation: *son attitude face à...* = his attitude vis-à-vis . . .

404 Some gallicisms make good additions to an EN translation: *un État moins présent* = a more laissez-faire style of government.

405 Some gallicisms make good additions to an EN translation: *un cachet distinctif*/a little je ne sais quoi.

406 In fashion/cuisine/decorating, you can use "petite" to translate *petit(e)*, to add a note of elegance: petite portion, petite flowers.

407 "Commercialization" is correct in EN if you mean the go-to-market phase of a new product, incorrect if you just mean "marketing."

Gender Neutral English

408 It is sexist to write "chairman" for men and "chairperson" for women. If you don't like using "chairperson" for men, call everyone "chairs."

409 Delete all notes in FR texts that say *le masculin comprend le féminin...* Your EN translation must be gender neutral.

410 For gender neutral EN, use the plural: "Give consumers their receipts" instead of "Give the consumer his receipt."

411 For gender neutral EN, eliminate possessive adjectives: "The voter must put the ballot in the box," not "in his box."

412 For gender neutral EN, use "who": "A voter who is not on the list can't vote," not "If the voter is not on the list, he can't vote."

413 For gender neutral EN, use "whose": "The draw date has no effect on the winner, whose prize stays the same," not "His prize stays . . ."

414 For gender neutral EN, switch back and forth between "he" and "she": "A new home purchaser will find she has many expenses to pay."

415 For gender neutral EN, use repetition: "The winner and the winner's travel companion," not "and his travel companion."

416 For gender neutral EN, use two pronouns: "The winner and his or her travel companion." This wording is best used in legal contexts.

417 For gender neutral EN, use neutral job titles: firefighter, flight attendant, newscaster, police officer, letter carrier, sales clerk.

418   "Manpower" is a word best avoided if you can say "labor" or "workers." It is not gender neutral.

419   "Fisherman" is not gender neutral. Try "angler/fishing enthusiast" (or "fisher" for commercial fisherman—a noble, centuries-old EN word).

General Advice

420   A poorly written source text is no excuse for producing a plodding translation. Improve what you can, and your reputation will improve too.

421   There is no excuse for spelling mistakes in a translation, particularly ones that a spell checker can find.

422   Doing sloppy, inconsistent, or poorly researched work is the fastest way to lose clients—in translation and in many other fields!

423   Spotted in the *NY Times*: "He is a master of short-windedness." A great thing for all translators and writers to be!

424   Remember to translate onomatopoeia. *Paf* = bang/aglagla = burrrr/*badaboum* = crash, bam, boom/*hi-han* = hee-haw/*splaf* = kerplunk/*ouache* = yuck.

425   When asked to justify your translation decisions, you're off to a bad start if you reply "Well, I assumed the text meant . . . " Ask, don't guess.

426   If you have a choice between a short translation solution and a long one, it's almost always best to pick the short one.

427   Hesitating between 2 possible translation solutions? Google them to see which one native speakers use most often (who and in which context).

428   If people have a choice between two translators, they will probably pick the one they know—so make sure people know you!

429   Good writers define usage, set trends, and innovate with words. Good translators respect usage, follow trends, and are careful with words.

430   Once you have finished a translation, go back over it and ruthlessly cross off any words that don't need to be there.

431   If your EN translation is longer than your original FR, it's probably too wordy. Tighten your text.

432   Translators should never have an automatic, default translation for any given word. Context is king. Consider it every time!

433   Give and take between translator and client is an integral part of the translation process. Become the partner your client can't do without.

434   As a translator you are being paid to use your best judgment, so don't blindly follow rules—or advice from Twitter feeds!

435   If a piece of writing cannot comfortably be read aloud, then it is flawed.

Geography

436   No matter how they are written in the source text, town names that include *Saint(e)* should always be spelled out in Quebec.

437   If a FR text from Canada says *fleuve* without naming the river, it's probably the St. Lawrence. Give full name in EN to avoid confusion.

438   *Québec* in FR refers to both the city and the province. Be sensitive to context and add "City" as needed in EN.

439   *Grand Nord*: "the North" or "northern Canada/Quebec." "Great White North" was a Bob and Doug McKenzie invention: http://bit.ly/xTcxKu.

440   Always say "in" a town or city in EN, even though FR uses à. Save "at" for tiny hamlets, early colonial settlements, etc.

441   It's often wise to check the official spelling of Quebec place names. Do it here: www.toponymie.gouv.qc.ca/CT/toposweb/recherche.aspx.

442   *Vers* on a map doesn't need to be translated as "toward/towards," nor should it be. "To" is enough. *Vers Montréal* = To Montreal.

443   North and South America count as one continent in FR, which considers that there are five continents. Remember this when translating.

444   *Sur les 5 continents* = On all 6 continents (if indeed true)/On 5 continents (if 1 is missing). NA and SA count as 1 continent in FR.

445   81 geographical names in Canada have official EN–FR translations. Consult them here: http://bit.ly/bHYTZF.

446   89 geographical names stay FR in Quebec but are used in EN in neighboring provinces. See geonames.nrcan.gc.ca/info/dual_e.php.

447   In Canada a provincial capital is often called a "capital city," e.g., "Toronto is Ontario's capital city" (cf, Ottawa is Canada's capital).

448   FR usually spells out the word *Saint(e)* in geographical names. Use the abbreviation in EN: *Le Saint-Laurent*/The St. Lawrence.

449   *France métropolitaine*: Does not mean metropolitan areas in France, but rather the part of France located in Europe. Also just *métropole*.

450   *Métropole*: Does not mean "metropolis" or "metropolitan area," but a geographic area's biggest city. In Quebec, *la métropole* is Montreal.

451   *Hexagone*: Refers to continental France (excluding Corsica). In most contexts it's best to translate as "France" or "continental France."

452   "Maritimes" and "Atlantic Provinces" are not interchangeable, in EN or FR. "Maritimes" does not include Newfoundland and Labrador.

453   Remember to lowercase geographic names that have lost their geographic meanings: french fries, brussels sprouts, venetian blinds.

Government

454   *Société d'État* = "Crown corporation" across Canada, except in QC where people prefer to avoid crowns and say "government corporation."

455   The QC government insists that government/geographical names remain in FR, but you can translate for a nongovernmental client.

456   Don't translate QC government ministry names, but for actual ministers' titles see http://bit.ly/oVgScj.

457   In a government context, the FR word *approvisionnement* is often translated as "procurement," not "supply."

458   The FR words *milieu* and *collectivité* are often used in the sense of "community": *organismes du milieu* = community organizations.

459   Francophone civil servants are fond of saying *secteur parapublic*. A good translation is the "broader public sector."

460   Gov't jargon alert: *mobiliser les acteurs dans un dessein de concertation*. For EN, how about "get everyone working together"?

461　In specific reference to government, *marchés publics* does not mean "public markets," but rather "government contracts/procurement."

462　In FR, *orientation* is gov't jargon. Consider "goal/objective/priority/approach/direction/guideline/etc." in EN rather than "orientation."

463　FR often uses the verb *souhaiter* with governments/other organizations as its subject. In EN, try "plan/aim/intend/seek" instead of "wish."

464　*Usager* is government jargon in Quebec for "patient." In healthcare texts, *usager* = patient and *utilisateur* = user.

Grammar/Syntax

465　Keep the word "only" beside what it qualifies. If you write "They only have 18%," it doesn't mean "only 18%" but rather "only have."

466　It must be clear what the subject of every verb is. If not, you probably have a dangling modifier.

467　Use "between" for one-to-one relationships, even in groups of three or more ("the conversation between the president, the owner, and me").

468　Use "among" when relationships between individuals are collective or undefined ("joking among the students").

469　If no clear consensus has emerged on a point of EN grammar (e.g. "their" *vs* "he/she"), translators should wait before making the change.

470　Some FR writers tend to put all time references at sentence start, but your EN translation may read better if you shift them to later.

471　Think hard before turning a FR sentence upside down in EN: Does it absolutely have to start the other way around?

472　Think hard before turning a FR sentence upside down in EN: Is it really more natural to word it the other way around?

473　Think hard before turning a FR sentence upside down in EN: Has the meaning remained absolutely the same?

474　Think hard before turning a FR sentence upside down in EN: Have the connotations remained absolutely the same?

475　For the construction *de x à y en passant par z*, try this: "from *x* to *y* and *z*" or "from *x* and *y* to *z*." Drop the notion of "en passant."

Hard-to-Translate Words

476 The verb *privilégier* does not necessarily convey the notion of privilege or favor. It can simply mean "pick/use/have/etc."

477 "Disconnect" as a noun is often a very good translation for the FR word *écart*.

478 Need to translate *par déformation professionnelle*? Try this: That's so typical of/That's just like a translator/doctor/teacher/etc.

479 Ideas for translating *évolutif*: upgradable, open-ended, modular, expandable, progressive, evolving, gradual, living, that grows.

480 Translating *esprit de synthèse*? Consider "analytical faculties/ abilities," "critical thinking (skills)," "information processing skills."

481 "Decoration" may be inadequate as a translation for *pavoisement*. How about "banners and bunting" or "flags" depending on context?

482 **1** When translating the word *rassembleur*, it is important to retain the idea that people have been brought together in support of something.

483 **2** An idea for *rassembleur*: *Le plan a un effet rassembleur* = The plan has met with general approval.

484 **3** An idea for *rassembleur*: *Ce projet de loi a un caractère rassembleur* = This legislation is inclusive in nature.

485 **4** An idea for *rassembleur*: *Je crois en sa qualité de rassembleur* = I believe in his ability to inspire and motivate people.

486 **5** An idea for *rassembleur*: *Le maire est un grand rassembleur* = The mayor is a great consensus builder/good at bringing people together.

487 **6** An idea for *rassembleur*: *Le Canada pourrait jouer un rôle de rassembleur* = Canada could play a unifying role/the role of facilitator.

488 "Empower" is often a good word for translating the FR notion of *prise en charge* or *responsabilisation*.

489 "Advanced" or "state-of-the-art" make good translations of *performant*, often better than "high performance" or "high-performing."

490 *Déplorer* can be translated in many ways: deplore/mourn/regret/ be unfortunate that/express disappointment/condemn/criticize/ bemoan.

491   Notice how the FR words *mécanisme* and *mécanique* are often used where EN would use the word "procedure." Something to remember!

492   For *installations*, say "facilities/infrastructure" in EN, but "installations" for smaller or temporary items. Or name item outright.

493   *Marge de manœuvre*: "Room to maneuver" in EN (more than "maneuvering room"), but also "latitude/leeway/breathing space/even wiggle room."

494   **1** *Valoriser* (the notion of adding value) has dozens of EN translations. In technical contexts, it is usually "develop/reclaim/recover/convert."

495   **2** *Valoriser* can mean "to showcase": *Il nous faut valoriser notre patrimoine* = We must showcase our heritage.

496   **3** *Valoriser* can mean "to show appreciation": *valoriser l'employé dans l'exécution de son travail* = show appreciation for employees' work.

497   **4** Ideas for translating *valoriser*: acknowledge/advance/affirm/better/cherish/emphasize/empower/enhance/promote/recognize/respect/value.

498   **5** Ideas for translating *valoriser*: enrich/give meaning to/honor/improve/increase/pay tribute to/place value on/reinforce/reward/strengthen.

499   **1** A possible translation: *Notre jeunesse est ouverte sur le monde* = Our young people have a broad outlook on life.

500   **2** A possible translation: *Nous devons rester ouverts sur le monde* = We must remain outward looking.

501   **3** A possible translation: *La France est un pays ouvert sur le monde* = France is a tolerant and open-minded country.

502   **1** *Pertinence (de faire qqch.)*: In many contexts in EN, it is better to say "the value" (of doing something) than "the relevance/pertinence."

503   **2** In EN "pertinent/relevant" conveys a notion of appropriateness; in FR *pertinent* can simply mean "related/corresponding/of note."

504   **3** If the FR word *pertinent* denotes *qui a du bon sens, de la compétence*, try "worthwhile/instructive/valuable/compelling" in EN.

505   **4** If the FR *pertinent* denotes *qui convient exactement à l'objet dont il s'agit,* try "useful/advisable/suitable/important/makes sense" in EN.

506   Here's an idea: Use "exciting" to translate *porteur (d'avenir)*: *une initiative porteuse* = an exciting initiative.

507   "Stakeholder" can make a great translation for lots of FR words: *intervenant, intéressé, partie intéressée, acteur, partie prenante.*

508   Translating *virage* (as in *virage santé/virage environnement/ virage vert*)? Try to think of some other word than "shift." (Or use a verb!)

509   @anglais In social sciences, "turn" is used to convey the notion of *virage*: "the linguistic turn of the 1960s and 1970s").

510   *Orientations stratégiques* (plural) often sounds best in EN as "strategic direction" (singular).

Headlines/Titles

511   FR often treats titles as part of the text, but not EN. Whatever you say in your title in EN, you must repeat in your text.

512   When you capitalize a headline, you must capitalize the first and last words on every line: "Easy to Get To," not "Easy to Get to."

513   For headers, follow EN capitalization practices (usually, caps on every important word) rather than copying what you see in FR.

514   Make sure your capitalization on all headings/titles, etc. is consistent. This is a good point to include on a quality control checklist.

Health Care

515   The Quebec healthcare system talks a lot about *usagers*. These are "patients" in EN, not "users."

516   Remember that the word *dossier* in a medical or hospital context is a "record" in EN, not a "file."

517   *Santé publique* refers to prevention and health promotion, *santé de la population* to how healthy the public is. Translate with care.

518　"Health care" used alone is spelled as two words, but is often combined into a single word when used as an adj. ("healthcare workers").

519　For prescription drugs or medical treatments, EN usually talks about "efficacy," not "efficiency" or "effectiveness."

520　"Health" is sometimes not enough as a translation of *santé*. If you mean the issue that politicians debate, say "health care."

History

521　*Petite histoire* means anecdotal or local history. It can sometimes be just "history" or "story" in EN.

522　@anglais Interesting! In FR (France) spoken language, I'd equate *pour la petite histoire* with "just sayin'" to introduce irony.

523　@SFMTraduction In Quebec, you can get texts entitled *La petite histoire de Québec*, meaning local lore.

524　Presenting the past: Use "historical" for any thing/event from the past, opt for "historic" to indicate it was also important.

Hyphenation

525　In compound adjectives before nouns, it's best to hyphenate if the second word is a participle (wide-bodied plane, knee-slapping joke).

526　Always hyphenate compound adjectives that contain acronyms (GOP-sponsored event, CEO-track executive, etc.).

527　It's best not to hyphenate compound adjectives that include an adverb ending with "ly" (such as "the incredibly-beautiful woman").

528　Most prefixes require no hyphens (postsecondary, nonsmoking, preconceived, reissue, aboveground, etc.). Avoid overhyphenation.

529　When stating ages, use either two hyphens or none at all: "17-year-old boy/17 year old boy," but not "17 year-old boy/17-year old boy."

530　Some EN words can be spelled with or without hyphens. Our advice? 1) Use hyphens only to aid clarity. 2) Be consistent.

531　Avoid hyphenating French Canadian, Latin American, etc. The double capital letters already provide a sufficient visual link.

532   If you as a translator use a hyphen, this means that a hyphen is always required, so never hyphenate just to force a word onto two lines.

533   The trend in EN is away from hyphens and spaces and toward joined words: "turnkey," not "turn-key"; "website," not "web site," etc.

534   Both EN and FR use "mea culpa" but FR spells it with a hyphen. Be sure to remove the hyphen when translating.

535   Compound adj. with the adv. "well" or "ill" should be hyphenated before the noun, not after: well-built house, house that is well built.

536   The prefix "co-" does not require a hyphen: copresident, cofounder, etc.

537   South-west, north-east, etc. with hyphens is British. In NA write southwest, northeast. Don't let the FR distract you (*sud-ouest*, *nord-est*).

538   50-odd people = approx. 50 people; 50 odd people = 50 strange people. **Always** use a hyphen when you mean "approximately"!

539   "State-of-the-art" often makes a good translation for *performant*. It is best spelled with hyphens when used as an adjective.

Insurance

540   *Assuré*: The **policyholder** and the **insured** can be two different people in group/family plans, so translate carefully.

541   *Expert*: It's so easy to mistakenly translate *expert en sinistres* as "claims expert." Remember that the right term is "claims adjuster."

Interjections

542   *OK* at sentence end or in pauses in FR is not "OK" in EN, but "I am listening" (uh-huh), "I am pausing" (um), or "Understand?/ Got it?"

543   FR always puts an exclamation mark after *oh*, even in the middle of a sentence. Send the exclamation mark to the end of the sentence in EN.

Internet

544 Check Web links and translate if possible so readers link to the right language. If link is monolingual, suggest client create a new link.

545 In some contexts, "look and feel" can be a great translation for *présentation graphique, facture,* etc.: the look and feel of a website.

546 One of your jobs as a translator is to correctly spell website names like Facebook, YouTube, Yahoo!, eBay, etc. Pay attention to detail.

547 "Extranet" and "intranet" are not proper nouns and do not need capitals. Even "internet" is increasingly uncapitalized.

Job Titles

548 The best translation for *directeur* in a corporate context is usually "manager." Save "director" for gov't/int'l organizations.

549 "Director" in a corporate context usually refers to the directors on a board (*administrateurs* in FR). Use it sparingly as a job title.

550 "Supervisor" is usually better than "manager" for the FR job title *responsable,* although this is not a hard and fast rule.

551 A supervisor in a corporate context usually supervises staff but has no control over the budget (often a *responsable* in FR).

552 To make "manager" sound more important when using it to translate *directeur,* add such words as "senior/general/national/ etc."

553 "Consultant" is not a common job title for a salaried employee. Try "advisor" or "associate" instead.

554 Translating *directeur artistique*? Say "artistic director" for executives of arts organizations, but "art director" for ad agencies.

555 It is diplomatic convention in EN for *chargée d'affaires* to remain genderless. Write "chargé d'affaires."

Kneejerk Translations

556 Many EN translators say "relevance" every time they see *pertinence* in FR, but why not "say value/suitability/advisability/usefulness"?

557 EN translators see *paysage* and write "landscape." Why never "vista/scenery/wilderness/nature/view/panorama/surroundings/seascape, etc."?

558 **1** "Dynamic" is overused by EN translators. Some options: fast-paced/energetic/can-do/up-and-coming/on the move/upbeat/driven/high energy.

559 **2** Don't overuse "dynamic." Consider "exciting/hard-working/vibrant/fast-growing/buoyant/vital/flourishing/aggressive/high-octane."

560 Why always translate *suivi* as "follow-up"? Consider "monitoring/supervision/tracking/oversight/watch/evaluation/analysis/follow-through."

561 "Contrary to" is a reflex translation of *contrairement* à. Consider saying "unlike."

562 We talk about **big cities** and **big city life** in EN. Remember that before unthinkingly writing "major cities" when translating FR.

563 Why say "stand out" every time you see *se démarquer*? Other options: be noted/known/famous for, attract note/attention.

564 Beware of reflex translations: *billets* = tickets, but *gagnez 4 billets* could be "win admission for 4."

565 Does anyone else agree that "open to the world" is a pretty lame translation for *ouvert sur le monde*?

566 In some contexts "support" is an unimaginative translation of *appuyer*. Consider "back/get behind/lend support to/assist."

567 *Tenir compte*: Avoid the reflex of always translating as "take into account/consideration." Consider "to count/to include." Short is sweet!

568 **1** Some EN translators think *villégiature* = resort, but most contexts demand some other word: vacationing, holidaying, R&R, recreational.

569 **2** @languageforum Sure, "tourism" could work in some contexts: *Renforcer la fonction villégiature du secteur* = Increase tourism in the area.

570   "Project" is such a predictable translation of *projet*. Ask yourself whether you should say "plan," or perhaps "venture" or "undertaking."

571   Sometimes "night" is the best translation for *soir* instead of "evening": *ouvert le soir* = open nights.

572   Although often correct, "validate" is a kneejerk translation of *valider*. Consider "ascertain/assess/approve/vet/double-check."

Latin Borrowings

573   EN and FR do not borrow the same Latin words, e.g., *de visu* in FR is "to see firsthand/in person/with your own eyes/etc." in EN.

574   FR borrows *ex æquo* from Latin, but EN doesn't. Use the verb "to tie" in EN (or "to place equal").

575   FR borrows Latin *ad vitam æternam*, but EN doesn't. Try "forever/indefinitely/for all time/for life/perpetually/in perpetuity/ad infinitum."

576   Consider "ad hoc" in EN for *improvisé/au cas par cas/de circonstance/à la pièce/spécial* (*comité spécial* = ad hoc committee).

577   How about "bona fides" for *démontrer sa bonne foi* (establish your bona fides) or *efforts sincères* (bona fide efforts)?

578   Get out your Latin to translate *à satiété/jusqu'à saturation/à n'en plus finir/sans cesse*: He repeats ad nauseam that . . .

579   Is something called *illogique* or *vide de sens* in the FR? Consider "non sequitur" in EN: Your question is a total non sequitur.

580   To translate *En retour, nous devons...* consider saying "The quid pro quo is that . . ."

581   "Quid pro quo" expresses the notion of compromise or tradeoff. *Il doit y avoir une forme de compromis* = There has to be some quid pro quo.

582   Some Latin borrowings are almost the same in EN and FR, but not quite: *statu quo* = "status quo," *nec plus ultra* = "ne plus ultra."

583   **1** An idea for translating *a priori*: *Le défi est plus grand qu'il n'en a l'air* a priori = The challenge is greater than it first appears.

584   **2** Ideas for translating *a priori*: on the face of it (*à première vue*), right now (*dès à présent*), offhand (*de but en blanc*).

585   "Latin turns of phrase are like salt in the kitchen: a little goes a long way." (Mark Abley, *Montreal Gazette*)

Legal

586 Say "regulation" (singular) in relation to acts of the Quebec parliament and "regulations" (pl) for acts of the Canadian federal parliament.

587 Legal texts in America are making less and less use of the word "shall" to denote obligation and replacing it with "will" or "must."

588 **1** All Quebec legislation has official EN translations. Don't translate it yourself—look it up at http://bit.ly/bXEdle.

589 **2** Quebec is officially unilingual FR, but all Quebec laws have constitutionally mandated EN translations. Look up the official wording.

590 In a legal text, it is better to say that something is **deemed** appropriate than judged appropriate (in FR, *jugé approprié*).

591 The fine print on special offers often reads *certaines conditions s'appliquent*. This is usually "some restrictions apply" in EN.

592 *Maître* (*M^e*) for lawyers has no equivalent in EN. Say "Mr." or "Ms." and add "lawyer/counsel/attorney/etc." after the name as necessary.

Lists

593 Lists in FR that use *et* are often better with "or" in EN. Read aloud to decide which makes most sense in the context.

594 Don't end a bullet list with a period unless every item on the list has a period or the list reads as a single, continuous sentence.

595 The most common EN style for bullet point lists is initial caps on each point and no punctuation at the end of each line.

596 **1** If your bullet point list reads as a single, complete sentence, punctuate exactly as you would if there were no bullet points.

597 **2** If your bullet point list doesn't read as a complete sentence, drop the end punctuation of each point and capitalize the 1st letters.

598 Avoid the verb "include" if you are a referring to an all-inclusive list. Use "comprise/made up of/composed of/encompass, etc." instead.

599 You don't have to use a colon to introduce a bullet list. Sometimes a comma, a dash, or nothing at all works better.

600 A word such as "follows" or "following" before a bulleted list is a clue that you should use a colon to introduce the list.

601 When translating a FR bullet list into EN, it is often best to add the notion of "and" or "or" before the last bullet item.

602 Bullet lists must be uniform—all nouns, all verbs, all sentences, all identical punctuation, etc. Do not mix and match.

603 When translating, it is often wise to reorder lists so that longer items are at the end, but only if sentence meaning is unchanged.

Marketing/Sales

604 Products described in FR as *prestigieux* or *de prestige* are often better described in EN as "distinctive" or "of distinction."

605 The FR word *avantageux* is often rendered as beneficial/attractive/competitive in EN rather than "advantageous."

606 A marketing letter that starts *Madame, Monsieur* in FR may read better in EN as "Dear Customer" (or Dear Homebuyer/Dear Music Lover/etc.).

607 *Rapport qualité-prix* is often best translated as "value (for money)" or, if it fits the tone, "bang for your buck."

608 In FR, a contest has *un règlement*. In EN, say "rules" or use the doublet "rules and regulations."

609 It's best in direct marketing letters to use a comma rather than a colon in your salutation (eg, "Dear Mr. X,"). It looks more friendly.

610 We usually **enter** contests in EN, not participate in them. Likewise, say "contest entry," not "contest participation."

611 "Bundle" or "plan" can be good words to use in consumer marketing for *forfait*, instead of "package."

612 A moment of distraction is enough to mix up "price" and "prize," which often appear in the same sentence in marketing texts. Be alert!

613 In their marketing materials, telecom companies tend to talk about "phones," not "telephones." In FR: *appareil/téléphone.*

614 FR refers frequently to the *attentes du client*. "Customer needs/requirements" is more common in EN than "customer expectations."

Measurements

615 Don't pluralize metric and Imperial measurement abbreviations ("2 km," not "2 kms"; "5 lb.," not "5 lbs."). Abbreviations are meant to be brief!

616 The short form for "liter" should be either a capital L or an italicized small *l*. Capital L is preferred in North America.

Media

617 Quebec media conglomerate Quebecor used to spell its name without an accent in EN and FR, but now spells it Québecor.

618 *Spécialisé* is not always "specialized." For ads or publications, say "trade ad/trade magazine." For TV, say "specialty channel."

Music

619 A *pot-pourri* in a FR reference to a musical performance is a **medley** in EN, not a pot-pourri.

Nuances of Meaning

620 Use "warranty" to translate *garantie* if the product will be repaired or replaced in case of defect, "guarantee" if simply reimbursed.

621 Careful with *témoignage*: "testimony" in court, "testimonial" if an endorsement, but "personal account/story/report/etc." in other cases.

622 Spotlight/showcase/highlight/feature are similar verbs with nuances of difference. Pick the right one for your context.

623 Say "FR-speaking" for people and countries, "FR language" for programs, institutions, etc. Remember—only people speak.

624 "Optimize": as perfect or as functional as possible. "Maximize": as big or as much as possible. Don't mix them up!

625 Remember to make the distinction between a **contest** (game of chance) and a **competition** (test of skill). Both are *concours* in FR.

626 Say "personalize" if tailoring to a single person (personalize a letter/service), "customize" if everyone has a choice (customize settings).

627 When translating *cours*, remember to make the distinction between a **class** (given once) and a **course** (made up of several classes).

628 "No doubt he'll come" is an opinion and leaves room for doubt. For absolute certainty say "undoubtedly": He is undoubtedly guilty.

629 If your brain thinks "right" every time you see the FR word *droit*, you'll commit an embarrassing mistake the time it in fact means "fee."

630 Be careful with "savoir-faire" in EN. It usually describes social adeptness (like the FR *savoir-vivre*) and rarely means "know-how."

631 Watch out for the FR word *facture*. It's not always an invoice or bill. It can mean look/presentation/style/craftsmanship/etc.

632 *Se manifester* (*publiquement*) often refers to a public statement/ comment. Don't misconstrue it as a physical appearance.

633 *Premier* and *dernier* sometimes mean "former" and "latter." If they do, don't make the mistake of translating them as "first" and "last."

634 *A priori* has a more restrictive meaning in EN than in FR. It is not generally used to convey the notion of *au premier abord*.

635 Note that *réduire au minimum* and *réduire au maximum* mean the same thing: reduce/cut as much as possible.

636 For *début*, say "early" for a time span ("early this year"), "start" for a precise moment ("at the start of this year").

637 **1** Translating the FR word *exposition*? Remember that an **exhibit** is an item in an **exhibition**, so "exhibition" is usually the best term.

638 **2** Exhibit *vs* exhibition: Confusingly, US EN often uses "exhibit" to designate an entire exhibition (the Cézanne Exhibit). Tread flexibly.

639 *Efficace*: efficient (avoids waste), effective (gets results), efficacious (health context). There is no "always right" EN translation.

640 "Price" is fine for things you buy in a store, but "rate" is better in many cases—cable TV, cellphones, insurance, translations, etc.

641 *C'est très tendance*: If said positively, "It's the latest trend." If said pejoratively, "It's very trendy."

642 Compare: *notre gamme de produits* = our product line, *vaste gamme de produits* = broad range of products. Line = a collection, range = variety.

643   Don't translate *économique* as "economic" when it means "economical."

644   *Expérience* can have two different meanings: "experience" and "experiment." Ask yourself each time which is the right one.

645   Mistranslation alert: *Location d'un véhicule* is "vehicle rental" if short term and "vehicle lease" if long term. Make the distinction!

646   *Nourrissant*: "nourishing/filling" if physical (food, sustenance), "nurturing" if emotional.

647   *Insatisfait* looks like "unsatisfied" (a need is not met), but also means "dissatisfied" (a desire is not met). Remember both!

648   Make the distinction: *rencontrer quelqu'un* often means "to meet with someone" rather than "to meet someone."

649   Don't be afraid to translate *comprendre* as "comprehend" if you are stressing the thought processes involved.

650   Careful with *taille*: it can mean "size," "height," and "waist."

651   For *groupe de discussion*, say "focus group" in advertising contexts, "discussion group" in other contexts.

652   "To table" has two contrary meanings in EN: put on the agenda (Table a bill), take off the agenda (The project was tabled then revived).

653   "To clip" has two contrary meanings in EN: to attach (Clip these together) and to detach (Clip along the dotted line).

654   "To draw the curtains" has two contrary meanings in EN: to open and to close. In both cases you pull the curtains along a track.

655   "To dust" has two contrary meanings in EN: remove particles (Dust the table) or add particles (Dust the cake with icing sugar).

656   "To flog" has two contrary meanings in EN: to criticize (He flogged the government) and to promote aggressively (He flogged his book).

657   "To sanction" has two contrary meanings in EN: to approve (He sanctioned the proposal) and to punish (He sanctioned the wrongdoer).

658   "Transparent" has two contrary meanings in EN: visible (He is for transparent government) and invisible (The change will be transparent).

659 "To trim" has two contrary meanings in EN: to add (Trim a dress with lace) and to remove (Trim a beard).

660 "To weather" has two contrary meanings in EN: to withstand (Weather a storm) and to wear out (The materials have weathered).

661 *Faire parvenir*: This expression doesn't mean to have (sth) sent but to actually send it. Often "to forward" is the best translation.

Numbers/Figures

662 *De nombreux* resembles "a number of" but means "many" or "numerous." Use "a number of" only when unsure of quantities.

663 In scientific writing, write numbers in groupings of 3 figures, with a small space between each group for ease of reading. Avoid commas.

664 If your sentence contains numbers above 10 and numbers below 10, write them all as numerals: "The class has 5 girls and 16 boys."

665 If two numbers side by side modify the same noun, spell the first number out: five 4-point scales, three 2-week trips.

666 When spelling out fractions, it's best to hyphenate: one-half, two-thirds, three-quarters, etc.

667 **1** A very common mistake of EN translators is forgetting to move the currency sign to the front of figures: $5.00, not 5.00 $.

668 **2** Even better, specify the currency—USD, CAD, etc.—since many countries use the $ sign!

669 When numbers are used figuratively in EN, spell them out: I've asked you a thousand times to shut the door (not ". . . 1,000 times").

670 Ordinal numbers (1st, 2nd, 3rd, 4th) in superscript: a style decision in EN, a rule in FR. EN uses superscript mostly for math/science.

671 Remember to remove the space that FR leaves between numbers and percentage signs/dollar signs.

672 FR likes to write out centuries in Roman numerals (*XIXe siècle*); EN prefers "19th century."

673 Tel. nos. in Quebec: 418 555-5555/1 800 555-5555. Same nos. in EN: 418-555-5555/1-800-555-5555. EN tends to use all hyphens.

674 @anglais In the US the period between telephone numbers has become quite common, especially with professional companies.

675 @anglais In UK English, we tend to use spaces rather than hyphens in telephone numbers.

676 *La troisième ville du Canada* does not mean the third city in Canada, but Canada's **third largest city**.

677 Be careful, a *billion* in FR is a "trillion" in US EN. US billion = FR *milliard*; US trillion = FR *billion*; US quintillion = FR *trillion*, etc.

678 Nouns must agree in number: The men drove their **cars** to work, not their car (otherwise it would mean they all drove the same car).

Overtranslation

679 *Fort de* at the start of a FR sentence can be just "with" or "in addition to" in EN. Don't overtranslate with words like "strong."

680 You often don't need to retain the notion of "rise" when translating *s'élever*. Consider using verbs like "to be" or "to stand at."

681 *Haut en couleur* is "colorful" (or exciting/spectacular/eye-popping/ etc.) in EN. Keep "highly colorful" for *très haut en couleur*.

682 The FR expression *aux couleurs de* can have nothing to do with "color": *camion aux couleurs de Bell* = Bell truck/truck with a Bell logo.

683 The meaning of the FR *d'ores et déjà* is often conveyed by tone of voice in EN. Don't overtranslate with words like "already."

684 Depending on context, *les proches/l'entourage* can be "family," "friends," or "family and friends." No need to specify "close friends."

685 *Sensibilisation* means "awareness raising," but *campagne de sensibilisation* is just "awareness campaign." Drop the word "raising."

686 *En provenance de* usually translates as just "from" in EN, not "coming from": *vol en provenance de Paris* = flight from Paris.

687 *Remettre en question* simply means "to question" or "to call into question," not "to question once again."

688 *La dette s'éleva à 163 G$* means the debt was $163 billion, not rose to $163 billion.

689 *S'étirer sur 2 km*: Only "to stretch" if a surprise (the lineup stretched for 2 km!), otherwise "to be 2 km long" (the road was 2 km long).

690 A *concepteur-rédacteur* in an advertising agency is simply a **copywriter** in EN. "Designer-copywriter" is an overtranslation.

Politics

691 In FR, being a *militant* is a good thing, but not in EN. Translate as "activist" (or for political parties, "member" or "supporter").

692 In EN, say "La Francophonie" for the int'l org., but "the Francophonie" when referring geopolitically to FR-speaking nations.

693 It is tempting to translate *conseiller politique* as "political assistant/advisor," but "political aide" is a good generic descriptor.

694 Watch out for the word *député* (member of parliament). In Canada say MP federally, MPP in Ontario, MNA in Quebec, MLA elsewhere.

695 Bear in mind that a *commission parlementaire* in Quebec is a parliamentary **committee** in EN, not a commission.

696 Try translating *groupe d'intérêt* by advocacy group/lobby group/ pressure group/special interest group.

697 Sorry, but there is no short way of translating *élu*. In EN, say "elected officials" or "elected representatives."

698 In FR, *politique* may mean "political," "politics," or "policy." Context is key.

699 In Quebec *d'ici* is used to avoid political passions, e.g. *fromages d'ici* can mean **Canadian** or **Quebec** cheese depending on context.

Prepositions

700 Before writing "during a meeting/event/etc.," ask yourself whether "at" would make a better choice to de-emphasize the notion of duration.

701 Remember that the FR notion of *pendant* or *durant* is often simply translated as "for" in EN (*pendant 5 jours* = for 5 days).

702 Except for "Once upon a time . . ." you can virtually always change "upon" to "on" and improve your sentence.

703 Use "from . . . to" for actions with a duration over time and "between X and Y" for actions that occur at precise times in a given period.

704 Watch your prepositions: *baisser de 5 %* = drop by 5%; *baisser à 5 %* = drop to 5%. One little word can make all the difference!

705 Use "consist of" to list the physical components of something, "consist in" to describe the abstract essence of something.

706 A sentence only an anglophone could love (or think up!): What did you bring the book that I didn't want to be read to out of up for?

Press Releases

707 If quoted speakers are named at the end of a long paragraph, move their names closer to the paragraph start so readers know who's talking.

708 Translating/writing a quote for a press release? Make it sound like someone is actually talking—spoken style, no complicated syntax.

709 Sentence case is the most common style for press release headers (capitals on first word and all proper nouns, lower case elsewhere).

710 *Communiqué* is usually "press release" in EN. However, if it's not actually for the press, say "bulletin" or even "communiqué."

711 Both the past and present tenses work fine with press release quotes (said So-and-So/says So-and-So), but keep the same tense throughout.

Proofreading

712 Proofreading Rule #1: Take your time. You'll miss mistakes if you rush.

713 Proofreading Rule #2: Doubt everything. Never "assume" or "seem to recall" that something is correct.

714 Proofreading Rule #3: Read it twice. Better yet, get somebody different to read it the second time.

715 Proofreading Rule #4: If it can wait, read it again the next day.

716 Proofreading Rule #5: No time to reread several times or the next day? Reading the text aloud may help you spot odd stuff.

717   Proofreading Rule #6: Print it out. You may find it easier to spot errors on the printed page.

718   Proofreading Rule #7: Remember the headers. After painstakingly checking the fine print, you may miss a big mistake in the title.

719   Proofreading Rule #8: Check logos and other graphic items. They may have words in them that need correcting/translating.

720   Proofreading Rule #9: Make sure all footnotes match and none is missing.

721   Proofreading Rule #10: Check consistency of spelling/punctuation/style (all US/UK spelling? all serial commas? same rules always followed?).

722   Proofreading Rule #11: Pay attention to figures—make sure they all make sense/add up.

723   Proofreading Rule #12: Don't assume proper names/obscure words/foreign words are correctly spelled. Check each one.

724   Proofreading Rule #13: Don't hesitate to point out layout/spacing mistakes even though you're a linguist, not a graphic artist.

725   Proofreading Rule #14: Correct only what's wrong. This is no time to impose your personal preferences.

726   Proofreading Rule #15: If you're tired or distracted, don't proofread right away. Wait until you're ready or get somebody else to do it.

727   Proofreading Rule #16: Charge what it's worth. Ask yourself how much it will cost your client if something goes wrong.

Punctuation/Layout

728   When translating, you must be able to justify every punctuation mark you use. EN and FR rules are different, so you can't just copy.

729   Lack of attention to punctuation tells the client that you are a careless translator.

730   Punctuation matters: When translating to EN, remove extra spaces before colons/semicolons/exclamation marks/question marks/quotes.

731   Use a comma between two main clauses if the clauses have different subjects or if sentence length requires a pause. Otherwise, no comma.

732   Don't separate the clauses of a compound sentence with a comma unless the subject changes: We ate and we sang/I ate, and you sang.

733   No comma is needed after the year when the entire date is used as a modifier, e.g., "in your October 19, 2009 letter."

734   Remove commas from short adverbial clauses at sentence start (e.g., "today," "at last," "up to now") if no ambiguity results.

735   Clump together all answers to how? when? where? at sentence start ("in Ohio last week at a show"), put single comma, then continue.

736   Semicolons are exceedingly rare in advertising copy. Use a dash, comma, etc.

737   It's OK to love and use semicolons, but keep them away from advertising texts.

738   There is no need for semicolons in a list unless there is internal punctuation in individual list items.

739   A semicolon is like a well-turned ankle—a little obsolete but still capable of exciting certain people.

740   Words are often italicized in FR simply because they are not FR. If the words are EN, remove the italics from your translation.

741   Don't assume that words italicized in FR must remain so in EN. Ask yourself why they are italicized and decide based on the answer.

742   Italicize titles of books/magazines/journals/newspapers/plays/operas/films/musical works, ship names/legal judgments/statutes/court cases.

743   Does your FR text contain EN words set off with caps/italics/quotes? Chances are you can and should remove them in your EN translation.

744   Watch out for the difference between dashes—which push phrases apart—and well-placed hyphens, which pull words together into compounds.

745   The em-dash (the longest dash in EN) is for dramatic pauses. In more ordinary contexts, use a comma, colon, short dash, etc.

746   An em-dash (long dash) is too dramatic to use as a mere place holder. Substitute a comma, colon, or en-dash (short dash common in FR).

747   Use an em-dash (—) in EN wherever you wish to signal, "Hey, I'm about to say something important, so pay attention."

748   Em-dashes in FR dialogue signal a change of speaker. Show a change of speaker in EN by closing then reopening the quotation marks.

749   Em-dashes (—) are useful for asides or drawing attention to a point, but overusing them will make your text seem too dramatic.

750   **1** One use of en-dashes (–) is to indicate "from . . . to" (6–8 years, Dallas–Boston, May–June, pp. 4–7). They are twice as long as hyphens.

751   **2** One use of en-dashes (–) is to convey the notion of *versus* (doctor–patient relationship).

752   **3** One use of en-dashes (–) is to indicate that a single word modifies two other words (New York–based, mathematical skill–testing).

753   It doesn't make sense to write "In 1990–2005 . . ." An en-dash signifies "from . . . to," so a context like this calls for "From 1990 to 2005 . . ."

754   Ellipses (3 dots) mark confusion or incompleteness in EN. Don't use them for dramatic pauses as in FR. Use dashes instead.

755   The ellipsis (...) is often used in FR to convey the notion of "etc." In EN use actual words, not punctuation.

756   *The Chicago Manual of Style* recommends that tightly spaced ellipses in FR be switched to spaced ellipses in EN (. . . versus ...).

757   In scholarly writing, ellipses (. . .) mean something is missing; in fiction they often denote a gradual stop.

758   In FR dialogue, the ellipsis (...) is used to indicate that someone has been interrupted. In EN, use the em-dash (—) instead.

759   Finished translating? Make sure all quote marks are correct (", not «) and all apostrophes point in the right direction.

760   Use straight quotes rather than curly quotes to signify inches. Use a single straight quote to signify feet.

761   Before submitting your translation, why not search for and replace those random double spaces that crop up between words in sentences?

762   Never double-space after periods; double spaces between sentences went out of fashion with the typewriter.

763 Never double-space after periods. Read what slate.com has to say: www.slate.com/articles/technology/technology/2011/01/space_inv aders.html

764 Don't add spaces/tabs/line returns to your translation so it "looks nice" or "lines up." This makes it hard to work with your file.

765 If quotes continue beyond a single paragraph, you must open the quote marks at the start of each, but close them only once, at the very end.

766 Unlike FR, EN avoids colons in front of quotes except in longer, formal contexts (After a long wait, official word arrived: "It's over.").

767 **1** You may drop possessive apostrophes if you wish to imply "made up of" instead of "belong to," e.g., American Translators Association.

768 **2** You may drop possessive apostrophes if you wish to imply "for," e.g., "visitors center."

769 For city+country lists, switch FR parentheses to commas and semicolons in EN: *Paris (France), Rome (Italie)* = Paris, France; Rome, Italy.

770 Many colons in the middle of FR sentences (*écrire à : [adresse]*) can simply be dropped in EN (write to [address]).

771 If your source text makes liberal use of exclamation marks, in most cases it's OK to eliminate some.

772 FR generally puts spaces before and after a slash; EN does not.

773 EN avoids double punctuation more than FR does (two punctuation marks side by side, such as a dash followed by a comma).

774 Punctuation pile-up: "Remember what he said: 'You might as well say that "I see what I eat" is the same thing as "I eat what I see"!'"

Quebec

775 The EN word for *Québécois* is "Quebecer," with no accents. It is sometimes spelled "Quebecker," particularly outside Quebec.

776 If you say "Québécois" in EN, this implies that you are talking about only the French-speaking citizens of Quebec.

777 *Québécois* refers to the people of Quebec, but also to Quebec City residents (its original meaning).

778 Translating *Québécois*? Always check context to see whether it refers to the province (Quebecers) or the city (Quebec City residents).

779 *Québécois* has 3 translations: Quebec(k)er (prov.), Quebec City resident (city), or Québécois if you mean only FR-speaking Quebecers.

780 A *société d'État* is a Crown corporation throughout Canada, but not in Quebec, where "government corporation" is preferred.

781 Be very careful when you see *national, pays,* or *d'ici* in Canadian FR. It can mean Quebec or Canada, depending on context.

782 If you put an accent on Quebec in EN (Québec), you are stressing its Frenchness. This can be a good idea in the travel industry.

783 Quebec FR alert! *Plusieurs* almost always means "many," not "several." Let your context guide you.

784 If you can't decide whether *plusieurs* means "several" (France) or "many" (Quebec), say "a number of" in EN to remain vague.

785 Before translating *1ᵉʳ étage*, check whether it is used in the European way (2nd floor) or the North American/Quebec way (ground floor).

786 Ever had to translate the Quebec verb *patiner* in the sense of "not answer a question"? How about "to fudge"?

787 Use "Québec" by itself to refer to Quebec City before the Conquest. Champlain did not encounter a "city" on his arrival.

788 In Quebec, *capitale nationale* can mean Quebec City. Don't blindly translate as "national capital" or people may think you mean Ottawa.

789 In Quebec, if *Capitale-Nationale* has capital letters and is hyphenated, it refers to a Quebec administrative district. Keep in FR.

790 Have to translate *parc national du Québec*? Parliament has declared Quebec a nation, so you can say "national" instead of "provincial."

791 The names of Quebec government institutions (ministries, agencies, directorates, corporations) remain in FR, even in EN texts.

792 If a text uses a shortened name to refer to a QC gov't org. (ministère/conseil/commission/etc.) you may translate the shortened name.

793   In diplomatic circles, the Quebec gov't translates its department names as a courtesy. This is an exception. Keep in FR otherwise.

794   Quebec gov't says to keep Quebec gov't names in FR, but you can break this rule for a private sector client if doing so aids comprehension.

795   *Articles* of Quebec legislation are called "sections" in EN, except for codes and charters, which remain "articles" in EN.

796   A quirk of Canadian FR: *trente sous* means 25¢ (a quarter). Remember this if you come across it in dialogue.

797   Quebec City has no "downtown" in the traditional sense. Try saying city center/center of town/heart of the town/historic center.

798   Our advice: Keep the accent on Quebec when translating for the QC government or a tourist account, take it off for private business.

799   Despite impressions to the contrary, the Quebec expression *c'est de valeur* means "that's too bad," not "that's valuable."

800   The standard translation of *choqué* is "offended/appalled/shocked/shaken," but in Quebec FR it often means "angry."

801   FR universities in Quebec are gov't run, so their names should stay in FR in gov't texts: Université Laval, not Laval University.

802   *Les régions* is QC-speak for rural areas outside Montreal. To aid comprehension in EN, say "rural QC/outlying regions/remote regions."

803   Île des Sœurs near downtown Montreal is generally called Nuns' Island by EN Montrealers, but remains "île des Sœurs" in official texts.

804   Rivière des Prairies, which flows along the north side of the Island of Montreal, is sometimes called "Back River" in EN by locals.

805   QC texts say *fleuve majestueux* and translators write "majestic St. Lawrence," but we actually say "mighty St. Lawrence" more in EN.

Questions Translators Should Ask Themselves

806   Would I have thought to write it this way myself in EN? If not, express the idea in more idiomatic EN.

807   Can I easily and comfortably read aloud what I have written? If not, rethink your sentence structures/wording.

808   Can I say things in a simpler way? If so, you should—for the sake of your readers.

809   Can any words be removed? If so, don't even hesitate—take them out!

810   Is it immediately apparent what the sentence means? If not, reword for clarity.

811   Can any nouns be changed to verbs to add movement to the text? Using verbs will make your text sound more EN.

812   Would the sentence be more readable if I cut it in two? Do so if the meaning and connotation stay the same.

813   Can I change any Latin-sounding words to Anglo-Saxon-sounding words? If so, this can lighten your text.

Quotations

814   "The most valuable of all talents is that of never using two words when one will do." (Thomas Jefferson)

815   "There's not much to be said about the period except that most writers don't reach it soon enough." (William Zinsser)

816   For EN translators of Latin languages: "An abstract noun neither smiles nor sings nor tells bedtime stories." (Lewis Lapham)

817   *Malheur aux faiseurs de traductions littérales, qui en traduisant chaque parole énervent le sens!* (Voltaire)

818   "To translate, one must have a style of one's own, for otherwise the translation will have no rhythm or nuance." (Paul Goodman)

819   "True art selects and paraphrases, but seldom gives a verbatim translation." (Thomas Bailey Aldric)

820   "Translators have but two regrets: when we hit, no one remembers, when we miss, no one forgets." (Anonymous)

821   "Our tacit quality standard needs to change from 'Is this a good translation?' to 'Is this effective communication?'" (David Jemielity)

822   Qualified translators *vs* "mere" native speakers: "same difference as between being a cardiologist and having a pulse." (David Jemielity)

823   One editor's view of his role in life: "My job is to switch every 'which' I encounter to 'that' and every 'that' to 'which'."

824 "The difference between the almost right word & the right word is . . . the difference between the lightning bug & . . . lightning." (Mark Twain)

825 Clients prefer to sound "dynamic, determined and proactive rather than static, passive and boring." (David Jemielity). And your translation?

826 "He puts two spaces between sentences, which is not surefire proof of an octogenarian, but certainly points in that direction." (I. Tossel)

Redundancies

827 Avoid saying "PDF format." PDF means portable document format, so the word "format" is redundant.

828 $CAD is redundant, as CAD means "Canadian dollars." *The Canadian Style* says to write C$ or US$ with no space before the amount.

Retail

829 *Rue commerciale*: Best translation is "shopping street" in NA or "high street" in the UK. Do not say "commercial street."

830 Don't translate *en vente* as "on sale" unless you know for sure the price is reduced. Say the item is "available" or "for sale."

831 *Ouvert tous les jours/soirs* = open daily/nightly, not every day/ evening. *Ouvert sur réservation* = open by appointment, not on reservation.

832 Don't be afraid to use the word "drugstore" to translate *pharmacie*, or "drugs" to translate *médicaments*.

833 The temptation is strong to translate the FR *boutique* as "boutique," but we actually say "shop" much more often in EN.

834 *Grand magasin*: "Department store" if a shopping mall anchor (e.g., Sears), "big box" if standalone or in outdoor plaza (BestBuy/ Walmart).

835 *Vente* as used in QC can be an anglicism meaning "sale" (standard FR: *solde*). But careful, *en vente* can mean both for sale and on sale.

Sentence Transitions

836   Many connecting words and expressions between sentences and paragraphs in FR can simply be dropped in EN. Be on the lookout!

837   "What's more" is often a good translation of *de plus* or *qui plus est* in an advertising, conversational, or even more formal context.

838   *Enfin* at the start of a closing paragraph can become "lastly," "in addition," "moreover," or "furthermore" instead of "finally."

839   More times than not, the words *en effet* at the start of a FR sentence can be eliminated altogether in the EN translation.

840   Expressions like *rappelons que* or *il est important de rappeler que* often require no translation at all in EN.

841   Does your FR sentence start *Il est à noter/souligner que...*? It's often best just to drop the words and say nothing in EN.

842   *Aussi* may be a conjunction meaning "therefore/thus/and so," especially at the start of a sentence. Don't be fooled into translating "also."

843   *D'autre part* doesn't always mean "on the other hand." If it adds information to reinforce an argument, it means "moreover/what's more."

Simplifying Your English

844   *Cibler* is "to target" in EN, but can sometimes be something simpler: *cibler trois objectifs* = have three goals.

845   "Enjoy" is often a nice, simple translation for *profiter de*. "Profit/benefit from" may shift the meaning too much.

846   The FR verb *proposer* does not always mean "propose/suggest/recommend." It can simply mean "offer" or "have."

847   The formulation "after having (done/said/visited/etc.)" can almost always be simplified to "after doing/saying/visiting/etc."

848   FR loves expressions like *institut muséal* and *centre hospitalier*, but in EN "museum" or "hospital" is usually all you need.

849   Unless you're translating a novel or poem, make your EN KISSable—short sentences, the simplest possible words and structures.

850 In some contexts "market" is a simpler and better translation of *créneau* than "niche": *Nous occupons ce créneau* = We are in this market.

851 Consider shorter ways of saying "when it comes to." Often "about/regarding/concerning" work just as well.

852 It is usually best to translate *approximativement/environ* as "about." Save "approximately" for scientific writing.

Singular/Plural

853 EN often keeps "office" in the singular where FR uses the plural: at our Paris office = *à nos bureaux de Paris.*

854 The FR word *orientations* in the plural can often be translated by the EN word "direction" in the singular.

855 Use the plural "regards" for good wishes ("warmest regards"), but the singular for "with regard to" (or shorten to "as for" or "regarding").

856 Use a singular verb when "none" means "not one," plural when it means "not any" (none of us wants to go/none of my pies were eaten).

857 FR often uses the word *infrastructure* in the plural. Best stick with singular in EN or translate as "facility/facilities."

858 *Investissements* is in the plural? Switch to singular in EN (investment) if the money is from a single source or in a single payment.

859 Where the FR word *détail* is singular (*le détail du règlement*), the EN word is often plural (settlement details).

860 *Maladies* often switches to singular in EN: *Prévenir les maladies cardiovasculaires* = Preventing Cardiovascular Disease.

861 *Inconvénients* usually becomes singular when translated into EN: inconvenience.

862 Plural table headings in FR (such as *Villes* for a list of cities) are usually better singular in EN ("City" followed by the list).

863 Technology is often singular in EN, plural in FR: *Mettre à profit les technologies modernes* = Harness the potential of modern technology.

864 Policy is often singular in EN, plural in FR: *L'impact sur les politiques gouvernementales* = The impact on government policy.

865 Many anglo writers/readers instinctively make "data" a singular word, despite its plural origins. There is nothing wrong with this.

866 Watch for situations where the FR singular would sound better in EN as a plural: *Présentez votre billet* = Have your tickets ready.

867 *Finances* becomes singular in EN when it is a department/division of an organization: Finance is on the 4th floor/He is VP of Finance.

Speeches

868 Translating a speech for a non-English speaker? Be a friend and write out all numbers, e.g., two hundred and fifty-five point seven million.

869 Translating a speech for a non-English speaker? Pick easy words to pronounce, e.g., "power" instead of "strength."

870 You'll often see *La version prononcée fait foi* at the start of a speech. The EN translation is much different: "Check against delivery."

871 At the end of a speech, translate *Bonne soirée!* by "Enjoy the rest of the evening!" not "Good evening!"

Spelling

872 Note that expressions with "up" switch to two words when used as verbs: "startup stage," but "to start up the project."

873 Be forewarned: If you set your computer's spell checker to ignore words in capitals, spelling mistakes will escape your notice.

874 Add apostrophe *s* to show possession to words whose existing final *s* is not the mark of the plural: "Mr. Jones's hat," "Joan Rivers's wit."

875 Be sure to set the language to EN when overstriking a FR file, or Word may "auto-correct" and cause spelling or punctuation errors.

876 Don't remove mandatory accents from your EN translation, e.g., "Aeroports (*sic*) de Montreal (*sic*) is Montreal's airport authority."

877 Don't add accents that have no business being in your EN translation, e.g., "This measure concerns all Québecers (*sic*)."

878 If you write "U.K." with periods, you must also write "Washington D.C.," "U.S.," etc., with periods. Pick a style and stick to it!

879   Remember that "taxman" is usually spelled as a single word. It can make a great translation of the word *fisc*.

880   The trend in EN is away from hyphens: fundraising (not fund-raising), postsecondary (not post-secondary), etc. Try it—you may like it!

881   Watch for the spelling of "every day": 2 words if an adverbial phrase (I do it every day), 1 word if an adjective (an everyday occurrence).

882   Are there foreign words in the text you're translating? Always check spelling—you'd be surprised how many mistakes you'll find.

883   The correct spelling is "sleight of hand" (*tour de passe-passe*). Don't make the mistake of writing "slight of hand."

884   It's surprising how many writers/translators forget to put an *e* on "breath" when they turn it into a verb: to breathe. Watch for this.

885   Spellcheck not working? Select text, go to Review>Language> Set Proofing Language, then uncheck "Do not check spelling or grammar."

886   It's "anchors aweigh," not "anchors away." An easy spelling mistake to make!

Structure

887   Keep the same sentence structure/order in your translation if you can. Changing it can inadvertently change meaning/connotation/ emphasis.

888   The topic of a paragraph is usually at the start in EN, but often at or near the end in FR. Restructure if you can.

889   It is recommended . . . to eat (247,000 hits); (that) you eat (3.3 M hits). Guess which construction mimics FR and which one is best in EN?

890   If your source text names 2 or more languages (*offert en français et en anglais*), put EN first in EN ("available in English and French").

891   **1** Think carefully before combining two FR sentences into one EN sentence—EN is particularly fond of short sentences.

892   **2** Here's another reason not to combine two FR sentences into a single EN sentence: People don't like to read long sentences.

893 **3** A third reason not to combine two FR sentences into one EN sentence: You may inadvertently change the emphasis, tone, or flow.

894 Combine two FR sentences into one EN sentence only to solve syntax/readability problems. Make sure result is still relatively short.

895 Only turn FR sentences upside down in EN for grammatical reasons/if more natural/if more readable/if meaning and connotations unchanged.

Style

896 Why use the expression "not to mention X" only to mention X in the next breath? Some people find it annoying. Reword if you can.

897 If there is an obvious parallel in a heading (*Notre expertise/Votre tranquillité d'esprit*), try to keep your translation parallel too.

898 Using contractions (don't, can't, isn't) is a good idea when translating spoken text or a text that should sound friendly and informal.

899 Avoid contractions (don't, can't, isn't) in formal texts or texts that seek to convey elegance or prestige.

900 Abstract nouns (expectation/reduction/maintenance/etc.) weigh down your text and make it harder to read. Switch to verbs if you can.

901 Try inserting doublets in your translations (moan and groan/wine and dine/grow and develop/meet and greet). They're very idiomatic!

902 The use of "which" where "that" is also possible can make your sentence sound clunkier. Try switching to "that" (or eliminate altogether!).

903 FR questions in promotional texts (*Vous êtes déjà client?*) are often better as sentence fragments in EN (Already a customer?).

904 *Faire/composer un numéro* or *appeler au numéro*: "Dial" is old-fashioned. Use it only for variety's sake, to avoid repeating "call."

905 Before writing "to check out," consider whether your context demands a more elegant verb.

906 It's not ideal to have two consecutive words that end in –ed or –ing. Reword if possible: hooded colored sweater = hooded color sweater.

907   When making several points, write either "firstly/secondly/thirdly/ etc." or "first/second/third/etc." Don't mix and match.

908   Sloppy writers switch back and forth between 1st person (I/we) and 3rd person (he/she/it/they), and sloppy translators copy them.

909   The passive voice isn't always bad. Use it when the receiver of the action is more important than the doer.

910   The passive voice isn't always bad. Use it when you wish to hide or de-emphasize the doer of the action.

911   The passive voice isn't always bad. Use it to give the reader a rest from the action-packed active voice.

912   The passive voice isn't always bad. Use it to sound objective: "Voices have been raised against the plans."

Technical Translation

913   In technical texts, you're best to talk about **performing inspections** rather than verifications, the term often used in FR.

914   Sometimes the FR word *conclusions* is best translated as "findings," not "conclusions."

915   In a computer context, *matériel* means "hardware," not "material," "physical," etc.

Terminology/Research

916   Most Canadian gov't websites are bilingual and well translated, so limiting Google searches to "site:gc.ca" can be a smart search strategy.

917   Doing sloppy, inconsistent, or poorly researched work is the fastest way to lose clients—in translation and in many other fields!

918   The EN on Quebec government websites is too spotty to be cited authoritatively. Always exercise your professional judgment.

Tourism/Hospitality Industry

919   "Resort" is not a perfect match for *villégiature*, which usually means vacationing/holidaying/R&R/etc. Resort = *centre de villégiature*.

920   If writing/translating for the hospitality industry, think fancy. Say "gratuity" instead of "tip," "dinner" instead of "supper."

921   In travel texts, EN likes to impress, enthrall, entice, attract, appeal, tantalize, beckon, etc.—but unlike FR, rarely "seduce."

922   FR often describes scenery/nature/the wilderness as being *grandiose*. One possible translation for this is "larger than life."

923   Before translating *luxueux* as "luxurious," consider whether "luxury," "deluxe," or even "luxe" work better in your context.

924   *Entrée* (into an attraction) is "entry" or "admission" in EN, not "entrance."

925   The FR word *découverte* in a travel context can sometimes be translated as "sightseeing" rather than "discovery."

926   **1** FR often uses *découverte* to refer to fun new things enjoyed while traveling. EN makes little use of "discovery" this way, so reword.

927   **2** Example at a fairground: *Faites des découvertes scientifiques et culinaires!* = Learn scientific facts and sample new foods!

928   Translating *croisière*? Pick your words carefully—for boat tours, "cruise" may sound like too long a trip or too big a ship.

929   *Vos moindres désirs*: Not "your smallest desires" but "your every desire." (What weird expressions we have in English!)

930   A *produit d'appel* in a tourism context is simply a "draw" or "attraction." In a retail store it can be a "doorcrasher."

Underused Words

931   Some words/expressions never seem to make their way into EN translations. Here's one: "give short shrift to." Too unlike FR?

932   "Pay heed (to something)" is a short, idiomatic (and underused) alternative to "pay attention to" or "place importance on."

933   "Cooperation" is a word that EN translators tend to underutilize because of the influence of the FR word *collaboration*.

934   "Read," "consult," and "go over" are all underused solutions for translating the FR expression *prendre connaissance (de qqch.)*.

935   EN translators tend to underutilize the word "how." Why say "What size is it?" if "How big is it?" works better in your context?

936   The word "instructive" is underused by FR>EN translators, but it can make a great translation of *pertinent/utile/intéressant*.

937   Spotted in an EN text being translated into FR: the verb "to stymie." When was the last time you used it going FR into EN?

938   EN translators underutilize the words "shipper/shipping/to ship" because they see the word *transport* in FR and copy that.

939   FR>EN translators underuse the word "compelling." It can work great for *éloquent/performant/captivant/passionnant/convaincant*.

Verbs and Verb Tenses

940   "Broadcast" sounds better to most ears than "broadcasted," its newer cousin.

941   Switch "past" to "previous/preceding" when the tense changes: He has had one case in the past year/He had had one case in the previous year.

942   Watch out for the future perfect tense in FR (e.g., *aura fait*). Often a straightforward past tense is the best EN translation.

943   When the future tense follows the word *quand* in FR (*quand je serai...*), remember to switch to the present tense in EN.

944   Sometimes the present perfect tense is all you need to translate *déjà*: *On a déjà eu une belle réponse* = The feedback has been great.

945   Be very careful with the conditional tense in FR; *il ferait* could mean "he is said to be doing," not "he would do."

946   Many EN translators mix up "must" and "should." *Doit* = must, *devrait* = should. The nuance is important—and almost always worth respecting.

947   It is so easy to forget that the present tense in FR sometimes sounds better as the present perfect in EN: *je comprends*/I have understood.

948   Why not an emphatic verb to translate *il faut le souligner*? *Il l'a fait, il faut le souligner* = he did do it.

Word Confusion

949   English has no synonyms, only a great many words that mean **almost** the same thing.

950   It's easy to mix up *ainsi* and *aussi*. If the meaning sounds skewed in EN, check to see whether you have read the FR correctly.

951   Don't confuse "satisfying" (pleasing) with "satisfactory" (acceptable). Both can be *satisfaisant* in FR.

952   Remember that the FR verb *arrêter* can mean "decide" or "finalize." Don't get tripped up by translating it as "stop" every time!

953   In nontechnical texts, the FR *discret* is usually "discreet" in EN, not "discrete." Learn to tell "discrete" and "discreet" apart.

954   It is so easy to mix up "choose" and "chose." Every time you use these words, make a conscious effort to check you've got it right.

955   If using "partner" in the sense of *conjoint(e)*, make sure there is no possible confusion with "business partner" or "same sex spouse."

956   Don't mix up *remise* and *rabais*. *Remise* is a rebate (money back after the fact) and *rabais* is a discount (money off at purchase).

957   "Next day" is fine as a translation for *lendemain*, but not for *au lendemain de*. Try following/just after/soon after/in the wake of.

958   It's very easy to mix up "palate" (taste/roof of mouth), "palette" (for painters), and "pallet" (in warehouses). Be careful!

959   *Notre entreprise se veut...* is not "Our company wants . . ." in EN, but "Our company claims to be . . ."

960   "Complimentary" means "free." For *complémentaire*, say "complementary/additional/companion/side/add-on/new/supplemental/in harmony/etc."

961   "Ensure" that things will happen, "insure" things against loss, and "assure" people that things will get done.

962   Avoid the word "presently" as some people will interpret it to mean "now" and others, "soon."

Gazouillis

Anglicismes

1001 **1** Avis aux traducteurs débutants : *delay* veut généralement dire « retard » et non « délai ».

1002 **2** Avis aux réviseurs : *delay* peut parfois vouloir dire « délai »...

1003 *Eventually* annonce qqch. de certain. « Éventuellement » annonce qqch. d'incertain.

1004 « À l'emploi de » est considéré comme un anglicisme à remplacer par « au service de ».

1005 « Opérer » est un anglicisme au sens de « faire des affaires » ou d'« exploiter une entreprise ».

1006 Nulle source ne condamne « sur une base + adj. », mais le *Robert & Collins* traduit toujours autrement *on a . . . basis*.

1007 Alerte aux faux amis : *faculty*, c'est le **corps professoral**, et non une faculté!

1008 Un programme est **exécuté** ou **réalisé** et non livré en français, même s'il est *delivered* en anglais.

1009 Petite chaîne amusante de faux-amis : réel = *actual*; actuel = *current*; courant = *common*; commun = *joint*; joint = *gasket*.

1010 En français, on n'« initiale » pas, on **paraphe**.

1011 Le *president* d'une université s'appelle en général un **recteur** en français.

1012 *Technically* signifie souvent « à strictement parler » plutôt que « techniquement ».

1013 « Compagnie » est un archaïsme au Québec, à remplacer de préférence par « entreprise » ou « société », sauf exceptions (transp., assur.).

1014 Le *term* désigne la durée du prêt. En français, le terme est le moment final de cette durée.

1015 Attention : *to nominate*, c'est **proposer la candidature** ou **mettre en candidature** et non nommer (nommer = *to appoint*).

1016 Sous la torture, on **avoue**, on ne « confesse » pas.

1017 « S'impliquer dans son travail », ça se dit, mais dans un sens subjectif. On ne peut pas impliquer qqn dans un processus.

1018 En français, on ne parle pas de grand total, mais de **total général**.

1019 Quand *directions* désigne un itinéraire (comment s'y rendre), il ne s'agit pas de directives.

1020 *To facilitate a meeting/a session*, c'est **animer la rencontre**, ou éventuellement la présider (et non en faciliter l'organisation).

1021 Si *joint* signifie « qui met à contribution l'État et le secteur privé », on le traduit par « mixte » et non par « conjoint ».

1022 « Numéro civique » est un anglicisme à remplacer par « numéro de rue/de voirie/ d'immeuble », ou... « numéro » tout court.

1023 « Meilleur avant » est un anglicisme; il faut préférer « date de péremption ».

1024 Quand *reference* fait référence à un renvoi à un document ou à une disposition législative, il vaut mieux le traduire par... « renvoi ».

1025 *To follow up with s.o.* veut généralement dire « faire un suivi auprès de qqn », et non « avec qqn ».

1026 On **adopte** ou on **vote** une loi, on ne la « passe » pas.

Citations

1027 « Je vous écris une longue lettre parce que je n'ai pas le temps d'en écrire une courte. » (Blaise Pascal)

1028 « La rigueur, c'est l'austérité plus l'espoir. » (Pierre Mauroy)

1029 « L'abus d'élégance mène parfois à la préciosité. » (R. Dubuc, à propos de « on » *vs* « l'on »)

1030 « Si l'usage hésite, faites-en autant. » (Maurice Rouleau, *Révision I*)

Connaissons mieux l'anglais

1031 Il est parfois nécessaire de traduire l'article défini *the* par un démonstratif (« ce/cette/ces »).

1032 Ne jamais oublier que *night* peut aussi bien signifier « soir/soirée » que « nuit ».

1033 Les *comments* ne sont pas toujours des commentaires proprement dits. C'est souvent plutôt des interventions, des propos...

1034 *Renewal* veut souvent dire « révision » plus que « renouvellement » dans bien des contextes.

1035 *To acknowledge somebody's work*, c'est en fin de compte « féliciter qqn pour son travail ».

1036 *To strike a committee* = mettre sur pied un comité.

1037 *To brief*, ça peut être tout simplement « informer ».

1038 *The mid-1600s* veut généralement dire « le milieu du XVIIe siècle » (vers 1650) et non « le milieu des années 1600 » (vers 1605).

1039 Dans le cadre d'une cérémonie, *to present* signifie « remettre » (un prix, un cadeau, etc.).

1040 *Format* en anglais signifie parfois « modèle » plutôt que « format ».

1041 *Outline* désigne souvent une simple description, sans qu'il soit nécessaire de préciser si elle est sommaire ou détaillée.

1042 *To see that* signifie souvent « voir/veiller à ce que » et non « voir/ constater que ».

1043 *Be prepared to* se traduit généralement par « être prêt à » plutôt que par « être préparé à ».

1044 Attention : *brackets* en anglais peut pouvoir désigner soit des accolades, soit des crochets, soit des parenthèses.

1045 *To reinforce standards* peut signifier « faire respecter/appliquer les normes » plutôt que « renforcer les normes ».

1046 Attention : *discuss* veut parfois dire « traiter de », « exposer », et non pas « discuter ».

1047 *To raise awareness* n'est pas toujours aussi fort que « faire prendre conscience ». Ça peut être simplement « informer, faire connaître ».

1048 Attention : *engagement with* signifie souvent « contact(s)/relations/ rapports avec » et non « engagement à l'égard de ».

1049 *High-level* veut généralement dire quelque chose comme « global ».

1050 *Steps*, ce sont souvent des **mesures**, plus que des étapes.

1051 *High-level* signifie souvent quelque chose comme « grosso modo », « sans entrer dans les détails », « de manière générale », etc.

1052 *Personable* = d'un commerce agréable, bien de sa personne, aimable, affable (et non « axé sur les personnes »).

1053 *To focus on* n'a pas forcément le sens fort de « mettre l'accent sur »; il peut parfois signifier simplement « porter sur », « traiter de ».

1054 *Details* en anglais signifie souvent simplement « contenu », « renseignements », « éléments »... sans l'idée d'« entrer dans le détail ».

1055 *w/* signifie *with*.

1056 *Based on* est plus souvent un genre de préposition (« selon ») qu'un verbe comme tel (« basé sur », « en se basant sur »).

1057 Le mot *records* désigne souvent simplement des **documents** et non nécessairement des dossiers.

1058 L'*availability*, c'est parfois carrément l'existence, et non seulement la disponibilité, d'une chose (ex. : *the availability of data*).

1059 *Wise* n'est jamais facile à traduire, mais sachons que son sens est parfois plus proche d'« intelligent » que de « sage ».

1060 Attention : *To undertake*, en parlant d'un travail, ça peut être « entreprendre », mais aussi plus simplement « exécuter », « réaliser ».

1061 *In effect* signifie « dans les faits », « concrètement » et non « en effet ».

1062 *They demonstrated their support* peut signifier qu'ils ont « affirmé/déclaré/exprimé/fait état de » leur soutien (et non « démontré »).

1063 *Continued* signifie que le phénomène se poursuit par rapport à avant, et non nécessairement qu'il est continuel ou continu.

1064 Les auteurs anglophones utilisent souvent *their* simplement pour éviter de choisir entre *his* ou *her*. Revenir au singulier en français.

1065 *As such* signifie souvent « ainsi » ou « par conséquent » plutôt qu'« en tant que tel ».

1066 *Crisis* est un singulier dont le pluriel est *crises* en anglais.

1067 Il y a généralement dans *value* un sens de « rapport qualité-prix » qui n'est pas dans le simple mot « valeur » en français.

1068 *At all levels* peut signifier « dans tous les secteurs/domaines », sans qu'il y ait nécessairement une notion hiérarchique de niveau.

1069 *In fact* en début de phrase est souvent plus proche de « qui plus est » (renchérissement, précision) que de « en fait » (opposition).

1070 *Advise* signifie souvent « informer » ou « aviser » et non « conseiller ».

1071 La valeur nominale, c'est la valeur inscrite sur le papier. Sinon, *nominal value* veut dire « valeur symbolique ou négligeable ».

1072 Quand l'anglais dit *a piece of fruit*, il veut généralement dire « un fruit » et non « un morceau de fruit » : *one fruit* ne se dit pas.

1073   Attention : *replacement* peut désigner non seulement un rempla-
cement, mais aussi le remplaçant lui-même.

1074   *To draft* peut simplement vouloir dire « rédiger », sans qu'il y ait
une connotation d'« ébauche ».

1075   Ne pas oublier que *copy* signifie parfois tout simplement « texte »
(ex. : *copy approved by . . .*).

Conseils d'ordre général

1076   Comme aimait à dire un collègue chargé de cours à ses étudiants
en traduction : « N'oubliez pas : on vous fournit le texte! »

1077   La règle d'or : ne s'éloigner de l'anglais que lorsque c'est
nécessaire.

1078   Quand l'anglais met une appellation au long, il vaut mieux faire la
même chose en français, même si on a établi l'acronyme plus
haut.

1079   Ne supposez pas que le client consultera Termium pour connaître
vos motifs. Vos choix doivent être pertinents pour son texte à lui.

1080   La concertation avec le client est une règle d'or. Travailler en vase
clos, c'est antiprofessionnel.

1081   Ne laissez pas les questions en suspens en espérant que le
réviseur y réponde. Consultez le réviseur ou le client en cours
de travail.

1082   Pas sûr d'avoir compris un passage? N'ayez pas peur de le signaler
au réviseur. Contribuez ainsi à la qualité et à votre formation.

1083   Normalement, la mention (Traduction) n'est nécessaire que dans
les contextes strictement juridiques.

1084   « Le rôle prépondérant du substantif en français a été constaté
maintes fois, aussi bien par les hommes de lettres que par les
linguistes[3]. »

1085   Tous les problèmes n'appellent pas une réponse absolue. Il est
parfois acceptable, voire préférable, de laisser un flottement dans
la règle.

---

[3] Jean-Paul VINAY et Jean DARBELNET, *Stylistique comparée du français et de
l'anglais*, nouvelle édition revue et corrigée, Paris, Didier, 1977, p. 102.

1086   Traduire comme il se doit, même pour un client qui n'y verra que du feu.

1087   Vous pensez que deux termes font double emploi en anglais? Avant d'agir, reposez-vous la question du point du vue client, et non du vôtre.

1088   Vous trouvez que le réviseur a changé trop de choses dans votre traduction? La prochaine fois, remettez-lui celle-ci plus tard... :-)

1089   Le français a généralement une prédilection pour le substantif, mais il y a des cas où il vaut mieux plutôt recourir aux verbes.

1090   Je pourrais vous citer (presque) mille exemples de cas où il est préférable d'étoffer une préposition en anglais par un verbe en français.

1091   La langue, c'est comme la religion : c'est l'amour de la langue qui doit vous motiver, et non le souci de l'interdit.

1092   Question-clé qu'un traducteur doit se poser constamment : « Ce que j'écris, est-ce que ça se peut? »

1093   Le traducteur a le droit, sinon le devoir, de toujours confronter une règle apprise aux nécessités de la réalité et à son propre jugement.

1094   Si on veut que notre traduction ressemble à un texte non traduit, il faut lire des textes écrits en français pour voir à quoi ça ressemble.

1095   Il faut laisser plus de marge à l'auteur d'un texte qu'on révise qu'on n'en laisse à un traducteur. C'est injuste mais c'est comme ça. :-)

1096   Votre texte cite une définition du *Oxford*? Vous pouvez citer le *Robert* de votre côté, si l'effet demeure le même et si le texte s'y prête.

1097   Le traducteur est un pasticheur. Or, pour pasticher, il faut prendre le temps d'étudier les modèles.

1098   Le traducteur demeure un simple **truchement** et ne doit pas se substituer à l'auteur. C'est plate, mais c'est comme ça.

1099   Vous avez beau faire des trouvailles extraordinaires, n'oubliez jamais que le traducteur a une **obligation de résultat** qui prime tout.

1100   La relation traducteur-réviseur est une relation d'équipe. L'important, c'est le résultat final.

Curiosités

1101 Hein!!! « Croisillon »! J'adore! http://fr.wikipedia.org/wiki/Croisillon.

1102 Tiens! On dit « au dire de » et non « aux dires de ». Pourtant, on dit bien « selon les dires » et non « selon le dire »...

1103 Avis aux intéressés : « le décernement d'un mandat » existe, mais est très peu utilisé.

1104 Si jamais vous avez besoin d'un clavier télougou : http://www.lexilogos.com/clavier/telugu.htm.

1105 Comment se sont appelées en français les *Raging Grannies*? Les mémés déchaînées!

1106 *Drogman* : interprète, dans les pays du Levant. « Je me rendis chez le drogman de Son Excellence » (Chateaubriand).

1107 Je viens d'apprendre, après 26 ans d'expérience comme traducteur et 41 comme musicien, qu'il y a controverse sur le pluriel de « tonal »...

1108 Connaissez-vous le mot *lackadaisical*? Sinon, c'est le temps de l'apprendre, comme moi aujourd'hui. Voir dictionary.reference.com.

1109 Qui est encore conscient qu'une affaire, c'est une chose qu'on a à faire? (Étymologie authentique)

1110 « Termite » est masculin: « Le termite est social; les termites sexués sont ailés. » http://fr.wikipedia.org/wiki/Isoptera

Décollons de l'anglais

1111 Il est souvent nécessaire d'étoffer le mot anglais *resources* en disant « ressources **naturelles** » (ou « richesses naturelles »).

1112 « Une variété de (programmes) » (*a variety of*) ne se dit pas vraiment en français dans le sens de « divers (programmes) ».

1113 « Ne pas changer un iota » existe en français, mais pour les autres utilisations figurées du mot *iota* en anglais, il faut adapter.

1114 *Remains to be done/has yet to be done* se traduit souvent mieux par qqch. comme « n'a pas été fait » que par qqch. comme « reste à faire ».

1115 Comme grand sujet de débat public, on dit en anglais *health care*, mais en français seulement « la santé » et non « les soins de santé ».

1116 Il est souvent plus exact de traduire *outside (a city)* par « près de » plutôt que par « à l'extérieur de ».

1117 Il est généralement plus juste de traduire *well-educated* par « instruit » que par « (bien) éduqué ».

1118 *To choose to* se traduit souvent plus naturellement par « décider de » que par « choisir de ».

1119 Les mots « secteur (économique/privé) » sont souvent plus précis et plus appropriés que « industrie » pour traduire *industry*.

1120 « Organiser » est souvent plus juste et plus idiomatique que « coordonner » pour traduire *coordinate*.

1121 Attention : *international* signifie parfois « étranger » ou « d'autres pays » plutôt que « international » (ex. : *international guests*).

1122 Traduire parfois *i.e.* par rien du tout lorsqu'il est à l'intérieur de parenthèses : bien d'accord.

1123 Avez-vous déjà remarqué qu'il était souvent plus idiomatique de traduire *here* par... « là » plutôt que par « ici »?

1124 Il n'y a pas que le *you*, il y a aussi le *we* qui est souvent rendu de manière plus idiomatique par « on ».

1125 Le fait de préciser l'État ou la province après un nom de ville tient du réflexe en anglais. On peut souvent s'en passer en français.

1126 Ne pas oublier « d'autres » et « encore », en plus de « plus », pour traduire *more*. Ils sont souvent plus idiomatiques.

1127 Par distraction, les traducteurs utilisent trop souvent « prochain » pour traduire *next*, au lieu de « suivant ». Surveiller le contexte.

1128 En français, on a deux mots pour traduire *future* : « futur » et « avenir ». Le second est souvent plus naturel.

1129 Dans une question, il est souvent plus idiomatique de traduire *how* par « en quoi » plutôt que par « comment ».

1130 Alors qu'on écrit couramment US, UK... en anglais, il vaut mieux ne pas abréger (ex. : « États-Unis ») dans un texte continu en français.

1131 En parlant de l'avenir, en anglais, on dira souvent *by 2020*, mais l'équivalent français est souvent « en 2020 » plutôt que « d'ici 2020 ».

1132 Il est souvent tentant de traduire *to show* par « démontrer », mais pour que ça marche, il faut qu'il y ait une certaine démonstration.

1133 *Athletes* désigne ceux qui font du sport en général. « Athlètes » désigne surtout ceux qui sont dans l'athlétisme ou le sport professionnel.

1134 Si vous avez *If . . . then* en anglais, (alors) il n'est généralement pas nécessaire de traduire le *then*.

1135 *To report*, ça peut être informel (« rendre compte de », « faire état de », « informer ») et non nécessairement formel (« faire un rapport »).

1136 *We need to* : « nous avons besoin de » est souvent trop lourd. Préférer généralement « il (nous) faut », « nous devons »...

1137 La solidarité et les accords sont toujours mutuels, par définition (d'où risque de pléonasme). Les intérêts, eux, peuvent être **communs**.

1138 *Somewhat* : « quelque peu » est plutôt affecté et rarement nécessaire. « Un peu » est généralement plus naturel (ou encore « plutôt »).

1139 *To address needs* signifie généralement « répondre aux besoins » tout simplement; pas besoin de toujours dire « s'attaquer aux besoins ».

1140 Pourquoi ne pas remplacer « un minimum de » par « au moins »? C'est beaucoup plus naturel et moins près de l'anglais.

1141 Pas besoin de préciser « D.C. » quand on parle de Washington : personne ne sait où c'est, le district de Columbia!

1142 *Known as* : « connu sous le nom de »... s'il est vraiment connu sous ce nom. Sinon : « appelé », « qu'on appelle » ou autre équivalent.

1143 **1** On dit en anglais *Questions and Answers*, mais en français « période de questions » seulement.

1144 **2** De même, on dit *Lost and Found*, mais seulement « Objets perdus ». Autres preuves que le français privilégie l'implicitation.

1145 « Créditeur » existe certes comme nom en français, mais on parle plus naturellement de « créancier » (*creditor* en anglais).

1146 En anglais, on vous offre souvent **une occasion** de faire qqch. En français, on vous offre plutôt **l'occasion** de faire qqch.

1147 *Spent on* : « consacré à » est plus idiomatique que « dépensé pour ».

1148 *Educated* : on parle plutôt d'une population **instruite** ou **scolarisée** que d'une population « éduquée » en français.

1149 Si *throughout Canada* vise en fait une zone qui va de Winnipeg à Montréal, ne traduisez pas par « d'un bout à l'autre du Canada ».

1150 Vous voyez un *as* dans la phrase anglaise? Vous avez sans doute une excellente occasion de reformuler la phrase complètement.

1151 *Needs assessment* : ne parle-t-on pas plus couramment d'**analyse des besoins** que d'évaluation des besoins en français?

1152 En français, on indique l'heure selon la période de 24 heures; c'est dorénavant un usage établi. Donc *3:30 PM* (en anglais) devient 15 h 30.

Élaguons

1153 Votre texte comporte des répétitions? Serait-ce une occasion de faire ressortir le fil du message par un élagage et des implicitations?

1154 *Your concern or issue* : pour être franc, la plupart du temps « votre problème » rend bien les deux.

1155 *Based in* : « une multinationale de Toronto » marche généralement aussi bien que « une multinationale dont le siège est à Toronto ».

1156 Il est souvent inutile de traduire *successfully*. Si on dit qu'une chose a été accomplie, le « avec succès » est généralement implicite.

1157 Restons prudents, mais le *key* de *key stakeholders* ne veut parfois rien dire et n'a pas nécessairement toujours à être traduit.

1158 « En vertu des modalités/conditions de l'entente » : « En vertu de l'entente » suffit (je vous laisse trouver les nombreuses variantes).

1159 Tenir à jour un registre, c'est finalement la même chose que tenir un registre. Sauf que c'est trop long pour rien. :-)

1160 « Si vous avez des questions » est souvent suffisant pour traduire *if you have questions or concerns*.

1161 Nombre d'auteurs estiment que « voire même » est un pléonasme. « Voire » suffit.

1162 On peut parfois traduire *you are expected to* par « vous devez ».

1163 Dans « comme étant », le « étant » est souvent inutile. (Ce qui ne veut pas dire qu'il soit à bannir systématiquement.)

1164 *Please note that* est moins lourd que « Veuillez noter que ». On peut parfois se passer de le traduire.

1165 *Since the last 5 years* = « depuis cinq ans », tout simplement.

1166 En fin de communiqué, traduire *For more information* par « Pour renseignements », ou même « Renseignements » tout court.

1167 On peut parfois impliciter *issues*. Ex. : *discuss regulatory issues* = traiter de la réglementation.

1168 Il vaut souvent mieux escamoter le *different* dans une expression comme 5 *different countries*. Mais pas nécessairement toujours.

1169 On peut facilement remplacer « conformément aux dispositions de l'article 9 » par « conformément à l'article 9 ».

1170 « La présente » signifie « La présente lettre ». Donc, le mot « lettre » est généralement inutile dans cette expression.

1171 *Your letter dated* . . . = Votre lettre du... (pas besoin de « datée du »).

1172 Vous avez écrit « et ce »? Enlevez-le pour voir s'il manque alors quelque chose. Ne le remettez que si c'est le cas.

Fréquences

1173 « Délais » : le cooccurrent normal est « impartis » et non « fixés ».

1174 Le mot « maintenant » fait dire que c'est joli, « désormais » pour *now*, mais qu'il ne faut pas en abuser non plus.

1175 Je ne suis pas réfractaire au mot « défi », mais *challenge* veut souvent dire simplement « difficultés ». Restons équilibrés.

1176 En français, on compte moins les décennies qu'on ne compte les *decades* en anglais; on parle plus de **dizaines d'années**.

1177 Dans Google, « sur les lieux du crime » compte 653 000 occurrences; « sur le lieu du crime », 157 000.

1178 « En compétition directe » : 45 000 occurrences dans Google; « en concurrence directe » : 546 000.

1179 Dans Google, *strong bones* compte 350 000 occurrences et *solid bones*, 100 000; « des os forts », 10 500 et « des os solides », 85 000.

1180 « Plutôt en accord » : 30 000 occurrences dans Google; « plutôt d'accord » : 3 000 000. (Ne pas se laisser influencer par « en désaccord ».)

1181 « Le budget de 2010 » : 55 000 occurrences dans Google; « le budget 2010 » : 1 000 000 d'occurrences.

1182 Ne jamais oublier, dans une comparaison statistique de Google, que la forme ressemblant à l'anglais est favorisée par la nature du corpus.

1183 La minute Google : « pour les fins autorisées » compte 3 100 occurrences; « aux fins autorisées », 63 700.

1184 On parie que les PowerPoint faits en français finissent plus souvent par « Questions? » que par « Des questions? »?

1185 « Renforcer les capacités » l'emporte sur « développer les capacités » (Google), mais le corpus des traductions pèse sans doute lourd ici.

1186 Dans l'usage, on voit plus souvent « communiqué » que « communiqué de presse », y compris dans l'intitulé du document en question.

1187 « Amasser des données » : 6 000 occurrences dans Google; « recueillir des données » : 440 000.

1188 On apprend avec étonnement que « fournir un cautionnement » est quatre fois plus fréquent que « verser un cautionnement » dans Google.

1189 Dans Google, « rapport sur l'avancement des travaux » : 113 000 occurrences; « rapport sur le(s) progrès des travaux » : 3 000.

1190 **1** Méfiez-vous des adjectifs de relation. Dans Google, « industrie créative » : 10 000 occurrences; « industrie de la création », 6 000 000.

1191 **2** « Industrie énergétique » : 56 000; « industrie de l'énergie » : 5 200 000. Tiens, tiens... Adjectif de relation, quand tu nous tiens...

1192 **3** « Industrie automobile » : 1 300 000; « industrie de l'automobile » : 500 000. Comme quoi aucune règle n'est absolue!

1193 Dans les sources juridiques québécoises de CanLII, on trouve « par le passé » 6 676 fois et « dans le passé » 13 914 fois.

1194 « Guide de référence » est trois fois plus fréquent que « Manuel de référence » dans Google.

1195 Pour présenter le sommaire d'un bulletin d'info (écrit), on s'attend plus à « Dans ce numéro » qu'à « Dans cette édition ».

1196 *Recreational facilities* : Google donne 3 000 000 d'occurrences pour « équipements de loisirs », 637 000 pour « installations de loisirs ».

1197 Les charnières sont moins fréquentes dans les communiqués que dans les autres types de textes.

1198 « Assumez vos actes » : 60 000 occurrences dans Google; « assumez vos actions » : 3 000 occurrences.

1199 « Réduction des répercussions » : 3 800 occurrences dans Google; « atténuation des répercussions » : 21 300 occurrences.

Grammaire, syntaxe et orthographe

1200 Je dirais qu'il n'est pertinent de traduire *while* par « bien que » en début de phrase qu'une fois sur quatre ou cinq.

1201 Mes amis, bibi vient de découvrir que le *Petit Robert* accepte « idéals ».

1202 Dans une phrase négative, n'oubliez pas que le *or* anglais doit parfois être traduit par « ni » plutôt que par « ou ».

1203 La minute de l'âne (« y, en ») : avant d'utiliser « y » ou « en », demandez-vous si ce pronom a un référent explicite **dans le texte**.

1204 Ne pas confondre « il y va de (l'intérêt public) » (ce qui est en jeu) et « il en va de (ceci comme de cela) » (comparaison).

1205 Éviter autant que possible « plus de/moins de » comme sujet. Préférer « S'il faut plus de temps » à « Si plus de temps est nécessaire ».

1206 « Augmenter » n'est pas un verbe d'aboutissement et ne devrait donc pas normalement introduire le résultat (éviter « augmenter à »).

1207 Attention à l'abus de « pour » après un nom : on dira plus naturellement « l'autorisation de faire » que « l'autorisation pour faire ».

1208 « Est responsable de » + substantif. « Est chargé de » + verbe. « A la responsabilité de » + verbe ou substantif.

1209 La BDL rappelle qu'on ne peut pas dire « couper les dépenses », mais qu'on peut dire « couper **dans** les dépenses ».

1210 « Faire place à » ou « céder la place à », mais pas « céder place à ».

1211 Avant de couper une phrase en deux, assurez-vous qu'il n'y a vraiment pas d'unité entre les deux éléments que vous voulez séparer.

1212 « Il » renvoie au sujet, « celui-ci » ou « ce dernier » renvoie au complément.

1213 Je suis incapable de laisser tel quel « si... et que ». #BibittePersonnelle

1214 « Considérer » doit normalement être suivi par « comme » en français.

1215 « S'assurer que » existe, mais pas « assurer que ».

1216 On n'enjoint pas qqn à faire qqch., on enjoint **à** qqn **de** faire qqch. (On l'aime-t-y, notre belle langue!)

1217 En gros, on « satisfait » une personne, mais on « satisfait à » une exigence.

1218 Selon le *Petit Robert*, la tournure « demander à ce que » est fautive. De toute façon, chose certaine, elle est inutile.

1219 Au sens de « concerner », « toucher » se construit avec un complément direct : « tout ce qui touche l'informatique » et non « touche à... ».

1220 On écrit « **le** mercredi 10 septembre 2010 » et non « mercredi le 10 septembre 2010 ».

1221 On préconise quelque chose, mais on ne préconise pas « que » telle chose soit faite.

1222 On recommande « la plupart d'entre vous **savent** » plutôt que « la plupart d'entre vous savez ».

1223 « Dû à la tempête de neige, l'école est fermée » est certes une erreur, mais pas « La fermeture de l'école **est due** à la tempête de neige ».

1224 On défraie **quelqu'un**, on ne défraie pas des coûts.

1225 Si vous mettez un complément circonstanciel en début de phrase, c'est qu'il importe de créer un contexte préparatoire. Sinon, à éviter.

1226 Débarrassez-vous du réflexe qui consiste à mettre les compléments de temps ou de lieu en début de phrase sans raison particulière.

1227 « Sauf si » convient très rarement en début de phrase; « à moins que », plus souvent.

1228 En début de phrase, « selon l'article 10 » marche presque toujours; « conformément à l'article 10 », très rarement.

1229 Commencer une phrase par « au moyen de », « parce que » ou diverses autres locutions, ça marche rarement.

1230 Commencer un sujet par « plus de » est généralement maladroit (ex. : Il semble que « plus de médecins » recommandent...).

1231 En français, on achète quelque chose **à** quelqu'un et non « de » quelqu'un

1232 *To borrow from* : En français, on emprunte de l'argent **à** quelqu'un et non « de » quelqu'un.

1233 On dit « **se** garer », mais « stationner » (intransitif et non pronominal).

1234 En continuant d'éviter « la conclusion que », pour lui préférer « la conclusion selon laquelle », suis-je de la vieille école?

1235 On ne peut pas « s'objecter à qqch. ». On peut s'opposer à qqch. ou contester qqch.

1236 Enchaînement des phrases : aller du connu (dans le contexte) au nouveau.

1237 Vous avez une énumération de 2 ou 3 éléments? Le rythme est plus harmonieux si vous mettez le plus long à la fin (si la logique le permet).

1238 On accorde généralement les dénominations sociales d'entreprises au féminin : « Fujitsu a été sélectionnée... »

1239 On peut écrire « Indiquer votre nom » (infinitif + « votre ») en tant qu'ellipse de « (Vous devez) indiquer votre nom ».

1240 La longueur d'une phrase n'est pas en soi une raison suffisante pour la scinder : s'il y a unité de propos, il faut une seule phrase.

1241 On écrit « la question **de** savoir si » et non « la question à savoir si ».

1242 « Se révéler » et « s'avérer » doivent être suivis d'un adjectif attribut (« se révéler exact ») et non d'un verbe (« se révéler être... »).

1243 On peut dire « à/sur l'initiative de » ainsi que « à/sur l'invitation de », mais on doit dire « à l'instigation de » (*Petit Robert*).

1244 **1** « Valider » est un beau verbe, mais il me semble qu'on ne peut pas « valider que... ».

1245 **2** On peut par contre **confirmer que**... et **s'assurer que**... dans le même sens.

1246 Un père marie sa fille, mais la fille se marie ou épouse son mari.

1247 On dit « J'arriverai **au début de** mai » ou « J'arriverai **début** mai », mais pas « J'arriverai au début mai ».

1248 « Le *Patriot Act* » : 388 000 occurrences; « la *Patriot Act* » : 236 000. Quelqu'un connaît une norme écrite à ce sujet?

1249 Si vous voyez en anglais un nom à consonance française écrit sans accent, vérifiez si c'est une erreur de l'auteur ou l'orthographe exacte.

1250 « Règlement » (accent grave), mais « réglementation » (accent aigu).

1251 « Fût » avec un accent circonflexe est un imparfait du subjonctif. Le passé simple s'écrit sans accent : « Comme ce fut le cas... »

Latin

1252 *Et seq.* signifie *et sequentes/et sequentia* et se traduit par « et ss. » ou « et suiv. » (abréviations de « et suivant(s) »).

1253 Ne pas confondre *e.g.* (p. ex.) et *i.e.* (c'est-à-dire)... et ne pas oublier que les auteurs anglophones les confondent parfois eux-mêmes.

1254 Les noms latins d'organismes vivants se construisent comme des noms propres : « l'eau contaminée par *E. coli* » et non « par l'*E. coli* ».

Le mot juste

1255 Il me semble qu'on peut parler de la résolution d'un problème, mais pas de la résolution d'un conflit. Des avis?

1256 On **signale** un cas de violence, plus qu'on ne le rapporte.

1257 On parle en français d'une « fausse facture » et non d'une « facture fabriquée » (voir *Robert & Collins*).

1258 Ne pas oublier qu'on peut traduire *meeting* par « rencontre » ou « réunion » et que les deux ne sont pas toujours interchangeables.

1259 On **délivre** un certificat ou un passeport, on ne les émet pas.

1260 *Signage* désigne plus souvent l'affichage que la signalisation.

1261 On peut « assigner » une tâche, mais le substantif « assignation » a un sens plus spécialisé. Préférer « attribution d'une tâche ».

1262 « Intermission » est en français un terme de médecine. Dans un spectacle, on parle d'**entracte**.

1263 Le mot « unique » est d'emblée plus quantitatif que qualitatif en français, contrairement à l'anglais. Donc, attention au contexte.

1264 Dans Google, « compte rendu détaillé » : 2 890 occurrences; « compte rendu circonstancié » : 16 000 occurrences.

1265 Normalement, « puisque » introduit une idée présentée plus ou moins comme une évidence.

1266 Un **questionnement** est plus complexe et abstrait qu'une **question**; les deux ne sont pas interchangeables. C'est comme « problématique/problème »).

1267 Un enjeu, c'est ce qui est « en jeu ». Par exemple, la présidence est l'enjeu d'une élection présidentielle.

1268 Dans les textes administratifs, « nécessité » est souvent plus approprié que « besoin » pour traduire *need*.

1269 On ne peut pas dire « je vous partage mon avis », mais on peut dire « je vous fais part de mon avis ».

1270 Ne pas traduire *the Minister* par « le ministère ». C'est le ministre (même si on sait qu'il ne s'agit pas de lui personnellement).

1271 Une annexe d'une annexe est un appendice.

1272 En français, sauf dans des cas particuliers, on **rédige** plus qu'on ne « prépare » des rapports et des documents.

1273 *As required* signifie plus souvent « selon les besoins » que « s'il y a lieu ».

1274 Attention : quand on n'est pas dans un courriel, un *attachment* est une **annexe** et non une pièce jointe!

1275 *Agenda* : pour une journée complète, et s'il ne s'agit pas d'une réunion formelle, on utilisera plutôt « programme » que « ordre du jour ».

1276 « Aussi, » en début de phrase (au sens de « par ailleurs, » ou « de plus, »), ne me paraît pas naturel.

1277 « Travaillant » n'est pas dans le *Petit Robert*. On lui préférera « travailleur » (pour *hard-working*).

1278 *Identify* : pour qqch. qu'on connaît déjà, mais de manière floue : « cerner ». Pour qqch. qu'on n'aurait pas vu autrement : « repérer ».

1279 *Identify* : ne pas confondre le sens de « repérer » (sens plutôt passif) et celui de « nommer/établir/définir/dénoncer/faire état de ».

1280 Une chose peut être plus ou moins précise, mais elle est exacte ou elle ne l'est pas.

1281 *Fees* se traduit généralement par « honoraires » lorsqu'il est question de services professionnels.

1282 Le *minister's office* peut toujours s'appeler « bureau du ministre », mais c'est plus exactement le « cabinet du ministre ».

1283 Le p.-d.g. et le président du C.A. d'une entreprise ne sont ni des cadres ni des gestionnaires : ce sont des dirigeants.

1284 On **joint** quelqu'un par téléphone, on ne le « rejoint » pas.

1285 La diffusion touche plusieurs destinataires en même temps. Souvent, « communication » est plus pertinent pour traduire *release*.

1286 Si vous ne pouvez remplacer « conformément à » par « de manière conforme à », il y a probablement un terme plus approprié à votre contexte.

1287 Pour désigner le secteur économique et professionnel, on emploie « le bâtiment » et non « la construction ».

1288 Il me semble qu'à la fin d'un document, on ne peut trouver qu'un **résumé** et non un sommaire. Au début, je verrais bien l'un ou l'autre.

1289 On peut **cerner** des besoins ou un problème, bref qqch. de flou qui existe déjà, mais pas cerner des mesures à mettre en place.

1290 La férule est la baguette avec laquelle le maître frappe l'élève sur les doigts... Donc, « sous la férule de » évoque qqch. d'assez brutal.

1291 *The current environment* : « la conjoncture actuelle » pourrait être plus idiomatique (voire plus exact) que « l'environnement actuel ».

1292 « Se déplacer à Toronto » me paraît ambigu (on peut rester à Toronto tout en se déplaçant). J'écrirais plutôt « se rendre à Toronto ».

1293 On met en oeuvre (ou exécute ou réalise) un projet, mais on implante un service.

1294 *Mortgage outstanding* = solde du prêt hypothécaire.

1295 Pendant des travaux de construction, les *specifications*, c'est généralement le **devis**.

1296 Peut-on présenter un rapport **à l'aide d'**un formulaire? Réponse de l'amoureux du mot juste : non, pourquoi parler d'aide ici?

1297 « Ordre du jour » traduit bien *agenda* pour une réunion ordinaire, mais pour une AGA ou un congrès, on parlera plutôt du **programme**.

1298 Pour un simple manuel technique, il me semble que « sommaire » convient mieux que « table des matières ».

1299 Si vous ne pouvez remplacer « conformément » par « d'une manière conforme », c'est p.-ê. qu'il faut choisir autre chose (p. ex. « selon »).

1300 **1** Le verbe *issue* se traduit de mille façons différentes selon le complément. Ainsi, on **donne** un avis (écrit), on ne l'émet pas.

1301 **2** On peut toutefois émettre un avis dans le sens d'« exprimer son opinion ».

1302 *Roads* : pour une municipalité, on parle de la **voirie** et non des routes.

1303 **1** « Méthodologie » au sens de « méthode » est abusif, la méthodologie étant l'**étude** des méthodes, non les méthodes elles-mêmes (*Petit Robert*).

1304 **2** À noter que le même problème s'est posé pour « technologie » et « technique », mais que « technologie » en ce sens est maintenant accepté.

1305 La traduction de *Discussion* comme titre de section est plutôt « Analyse » ou « Développement » que « Discussion » en français.

1306 Alléluia! « Sérier » ne serait-il pas le verbe approprié pour *prioritize*? « Il faut sérier les problèmes, les questions » (*Petit Robert*).

1307 Même sans connotation péjorative, le mot « brouillon » désigne une première ébauche incomplète et imparfaite; *draft* a un sens plus large.

Majuscules

1308 Le *Guide du rédacteur* recommande la minuscule au titre honorifique « sir », comme à tout autre titre de fonction ou de personne.

1309 Quand on parle de l'annexe A, de l'annexe B, etc., il n'est pas nécessaire de mettre une majuscule initiale à « annexe ».

1310 Selon Antidote, « les Fêtes » serait de plus en plus utilisé, mais la norme demeure « les fêtes ».

1311 Selon le *Petit Robert*, le mot « fêtes » désignant la période de Noël et du jour de l'An ne prend pas de majuscule.

1312 L'anglais met parfois des majuscules initiales à une expression pour la mettre en évidence. En français : guillemets, italique ou gras!

1313 L'abréviation « inc. », au bout d'une dénomination sociale, s'écrit avec une minuscule initiale en français.

1314 Majuscule et titre de civilité *vs* titre de fonction : On dit « Sa Majesté Élizabeth II », mais « la reine Élizabeth II ».

1315 Le premier ministre a beau occuper un poste très important, son titre, comme tous les titres de fonctions, s'écrit tout en minuscules.

1316 On peut faire suivre le deux-points d'une majuscule si ce qui le précède est assimilable à un titre, à un sous-titre ou à une rubrique.

Mots sous-utilisés

1317 *Strong, strengthen* : Pense-t-on assez souvent à « solide » et « consolider » au lieu de « fort » et « renforcer »?

1318 C'est bizarre, tout de même, qu'on n'utilise jamais « administration » pour traduire *management*.

1319 N'attendez pas *society* pour utiliser « société ». Ce mot peut se cacher sous bien d'autres mots anglais, notamment le fameux *community*.

1320 Autre terme banal rarement utilisé par les traducteurs : « s'occuper de » (*take care of, look after, be responsible for, be in charge of...*)

1321 « Organisateur » est étonnamment peu utilisé par les traducteurs francophones. Pourquoi pas pour traduire *planner, coordinator...*?

1322 Lequel d'entre nous sera le prochain à utiliser le merveilleux « Qui plus est » à bon escient?

1323 Avez-vous déjà remarqué à quel point les traducteurs en français utilisent rarement le verbe « organiser »?

1324 On évite « développer » pour traduire *develop*, mais on néglige trop souvent « se développer » pour *to grow*.

1325 Il paraît que « téléverser » est de plus en plus utilisé pour traduire *upload*. Je crois que ça mérite d'être encouragé.

1326 « Majorer » et « majoration » (des frais, des indemnités, des taxes, des prix...), autres beaux mots sous-utilisés par les traducteurs.

1327 **1** « Trésor » remplace maintenant officiellement « fonds de revenu consolidé » au Canada et au Québec. Pourquoi se priver d'un si beau mot?

1328 **2** Dans ce sens, « Trésor » s'écrit avec une majuscule. On peut préciser « Trésor public » si le contexte l'exige.

1329 Combien de fois avez-vous utilisé « disparités régionales » au cours des six derniers mois?

1330 Tiens! « Études » tout simplement pour traduire *literature*, en effet, pourquoi pas?

1331 On pense rarement à « délais » (au lieu d'« échéances/échéanciers ») pour *timelines, deadlines,* etc.

1332 « Réviser », mot bizarrement ignoré des traducteurs. Excellent pour traduire *edit* et *update,* entre autres.

1333 Quelle est la dernière fois où vous avez utilisé « moyen(s) d'action » dans une traduction française?

Ne confondons pas

1334 Ne pas confondre « stratégie » (planification à long terme) et « tactique » (action ponctuelle).

1335 Ne pas confondre « impertinent » (qui montre de l'irrévérence : *cheeky*) et « non pertinent » (qui n'est pas pertinent : *irrelevant*).

1336 *Cost-efficient* : « rentable » si on veut surtout dire que ça rapporte; « économique » si on veut surtout dire que ça réduit les coûts.

1337 « En regard de » : pour une comparaison entre deux choses de même nature. « Au regard de » : pour introduire une référence (ex. : une loi).

1338 *Rules* = règles (terme général); *regulations* = règlements (terme juridique).

1339 **1** Ne pas confondre (ni interchanger) « Angleterre » (*England*), « Grande-Bretagne » (*Britain, GB*) et « Royaume-Uni » (*UK*).

1340 **2** Comme disait Sol : « Il y a des gens, lorsqu'ils ont le Boyau-Muni, ils laissent tomber la Grande-Bretelle! »

1341 Ce n'est du carburant (spéc.) que s'il sert à alimenter un moteur. Autrement, p. ex. pour faire du feu, c'est du combustible (gén.).

1342 « Brosser le tableau » et « tracer le portrait ». Ne pas confondre les cooccurrents...

1343 Ne pas confondre « isolement » (d'une personne) et « isolation » (thermique, électrique, etc.).

1344 On assigne une tâche à quelqu'un, mais on affecte quelqu'un à une tâche.

1345 Tirer les marrons du feu n'est pas du tout la même chose que tirer son épingle du jeu!

1346 « Problématique » n'est pas un synonyme de « problème ».

1347 Il y a dans « optimisation » une connotation technique ou mathématique qui n'en fait pas un synonyme parfait d'« amélioration ».

1348 Ne pas confondre « sigle » et « acronyme » : le second se prononce comme un mot ordinaire.

1349 Ne pas confondre « règlement » (*regulations*), soit un texte écrit bien précis, avec « règle » (*rule*), plus général.

1350 *Rehabilitation of offenders* : « réinsertion » pour l'aspect social, « réhabilitation » si on parle de leur redonner leurs droits perdus.

1351 Une procédure est qqch. de plus structuré qu'un processus, qui se déroule plus « naturellement ».

1352 Ne pas confondre « escompte », « rabais », « remise » et « ristourne ».

1353 Ne pas confondre « mettre à jour » (réviser, actualiser) et « mettre au jour » (révéler, découvrir).

1354 L'audition, c'est l'action d'écouter : « l'audition d'un témoin ». La séance comme telle s'appelle plutôt une **audience**.

1355 Le *marketing* peut être de la **mise en marché** ou de la **promotion**. Les deux notions ne sont pas interchangeables.

1356 « Matière » fait référence à la nature de la chose. « Matériau » y fait référence comme élément de fabrication, de création.

1357 « Le cas échéant » : si la situation survient. « S'il y a lieu » : s'il est opportun de le faire.

1358 *Remedy* : « recours » si on parle des moyens mis en œuvre, mais « réparation » si on parle du résultat visé.

1359 Ne pas confondre as *required* (selon les besoins/au besoin) et *as requested* (selon les demandes).

1360 *As required* peut signifier 1) « si besoin est », « s'il y a lieu », ou 2) « selon les besoins »; ce sont deux sens distincts.

1361 *Requirements*, c'est parfois « exigences », parfois plutôt « besoins ». La distinction peut être sans importance, mais pas toujours.

1362 Ne pas confondre *graphs* (graphiques) et *graphics* (images).

1363 « Exact » : exempt d'erreurs. « Précis » : bien défini (ex. : « trois » *vs* « quelques-uns »). À ne pas confondre.

1364 Ne pas confondre *workday* (les heures de travail dans une journée) et *working day* (un jour ouvrable).

1365 Ne pas confondre « signer » et « ratifier ». La ratification est une confirmation qui a lieu quelque temps **après** la signature.

1366 Ne pas confondre « à cet effet » (dans ce but) et « à cet égard » (en ce qui concerne cela).

Nuances sémantiques

1367 *To depend on* n'est pas nécessairement négatif comme « dépendre de ». Ça peut aussi être « compter sur ».

1368 *Overview* : Avec « aperçu », on met l'accent sur le fait que c'est incomplet. Avec « vue d'ensemble » ou « survol », on dit qu'on a élagué.

1369 *Confirm* : J'appelle qqn pour qu'il me **confirme** que vous avez dit vrai, mais en faisant cela, je **vérifie**, je ne « confirme » pas.

1370 Ne pas confondre l'autonomie (être capable de se débrouiller tout seul) et l'indépendance (être libre d'influences indues).

1371 *Profit* : « profit » en français relève généralement de la théorie économique; la notion comptable serait plutôt « bénéfices ».

1372 Gazouillis intuitif : « appuyer » a une connotation plutôt morale, « soutenir » a une connotation plutôt matérielle.

1373 *Overview* : « aperçu » insiste sur le caractère fragmentaire; « vue d'ensemble/tour d'horizon » met l'accent sur l'aspect global.

1374 Ne pas confondre « conformément à » (de manière conforme à) et « selon » (d'après ce que dit), p. ex., la loi.

1375 Ne pas confondre « en vertu de » (par la force de) et « conformément à » (de manière conforme à, en conformité avec).

1376 « Faire office de » dénote une substitution. Ex. : bureau faisant office de chambre d'ami (le bureau n'est pas une chambre normalement).

1377 « En guise de » dénote une substitution. P. ex., « en guise de réponse » parle de qqch. qui ne constituerait pas une réponse normalement.

1378 *Stakeholders* : les **intervenants** jouent une part active dans un dossier; sinon, il s'agit probablement plutôt d'**intéressés**.

1379 « Se référer à » : à mon avis la précision du *Petit Robert* « s'en rapporter, recourir à, **comme à une autorité** » est importante.

1380 « Aborder un sujet » est un inchoatif : ça signifie « commencer à parler d'un sujet » et non pas « en discuter » comme tel.

1381 Attention : « près de » suivi d'un nombre laisse généralement entendre que le nombre en question n'a pas été atteint.

1382 On dit plus justement « dans le cadre d'un programme » que « en vertu d'un programme » (mais « en vertu d'une loi », d'accord).

1383 « Problème potentiel » : on sent qu'il y a déjà une cause de risque sous-jacente. « Problème éventuel » : simple hypothèse.

1384 Lorsque « requérir » a un sujet animé, il veut plutôt dire « demander », alors que *to require* signifie plus souvent « avoir besoin ».

1385 « Il y en a de plus en plus, mais ils restent minoritaires » est différent de « Ils restent minoritaires, mais il y en a de plus en plus ».

1386 Il me semble que des **tâches**, c'est mineur ou subalterne. Ne pas confondre avec « travail » ou « fonctions ».

1387 « International » : qui touche au moins deux pays. « Mondial » : qui touche globalement l'ensemble des pays de la planète.

1388 On voit trop souvent *required* traduit par « exigé » dans des cas où le mot signifie plutôt « nécessaire ».

1389 « Consensus » et « unanimité » pourraient peut-être vouloir dire la même chose concrètement (?), mais ils n'ont pas la même connotation.

1390 Encourir quelque chose, c'est **s'y exposer** (potentiellement) et non le subir. Ex. : Quiconque commet un excès de vitesse encourt une amende.

1391 « De tout âge » : de n'importe quel âge. « De tous âges » : de tous les âges. Il existe une nuance selon les contextes.

1392 « Puisque » suppose que la chose qui suit est évidente, ou que le lecteur la sait déjà.

1393 Les *members of Parliament* sont les députés **fédéraux**, à l'exclusion des députés provinciaux. Il est parfois nécessaire de le préciser.

1394 (Alerte à la subtilité.) Étymologiquement, il y a « croix » dans « crucial ». Il faut qu'il y ait l'idée de carrefour, de caractère décisif.

Ouvrons nos horizons

1395 Dans un PowerPoint, ne pas hésiter à utiliser un style télégraphique; en faisant le contraire, on nuit à l'efficacité du document.

1396 N'ayez pas peur de « sommaire » ou même de « liste sommaire » pour traduire *summary*. C'est parfois plus pertinent que « résumé ».

1397 Pensez-vous souvent à « prendre connaissance de » pour traduire *review*?

1398 On peut très bien mélanger infinitif et deuxième personne dans une série d'instructions (ex. : Ouvrir le document dont vous avez besoin).

1399 Il est parfois futile d'éviter le verbe « avoir » à tout prix. On **a** de bonnes raisons de faire qqch., on n'en « possède » pas.

1400 Ne cherchez pas pathologiquement à éviter « processus » pour traduire *process*. C'est parfois le bon terme!

1401 Je ne comprends pas l'aversion systématique de certains langagiers pour « concernant ». C'est répertorié dans le *Petit Robert* sans réserve.

1402 Attention à la chasse aux pléonasmes : un auteur a parfaitement le droit d'insister explicitement sur un élément s'il le souhaite.

1403 *Review* : N'ayons pas peur d'utiliser « revoir », bon moyen terme entre « réviser » et « examiner ».

1404 Écrire « le » avant une date est obligatoire dans une lettre, mais pas nécessairement dans d'autres types de documents.

1405 Je suis d'accord pour éviter « et/ou » autant que possible, mais il faut avouer que c'est impossible 1 fois sur 10 (estimation gratuite).

1406 Je n'ai pas d'aversion pour les néologismes « sans-abrisme » et « itinérance ». Je crois même que j'ai un faible pour eux.

1407 Nécessairement lourds, les adverbes? Est-ce que « délicat sur le plan politique » est vraiment moins lourd que « politiquement délicat »?

1408 « S'avérer » est loin de toujours faire l'affaire pour remplacer « être ». Parfois, rien ne peut remplacer « être ». Laissons-le exister.

1409 Ne tombez pas dans le piège de croire que si on dit « les scientifiques », ça veut nécessairement dire « **tous** les scientifiques ».

1410 Bien des grands auteurs écrivent « ceci » pour parler de ce qui précède et non de ce qui suit. Je dis cela comme cela.

1411 Avouons honnêtement que, la plupart du temps, le subjonctif sonne bien mieux que l'indicatif après « après que »... #GazouillisClandestin

1412 On peut utiliser « *vs* » en français pour marquer une opposition (ex. : vieux *vs* neuf). Ça s'écrit alors sans point.

1413 Le *Petit Robert* met « leur » et « respectif » au pluriel dans son exemple : « Ils eurent à troquer leurs places respectives ».

Ponctuation, typographie et mise en page

1414 Si vos éléments d'énumération sont des phrases, il vaut généralement mieux les commencer par une majuscule et les finir par un point.

1415 Normalement, on évite d'écrire « 40,00 $ » et on écrit plutôt « 40 $ ».

1416 Vous voulez être chic? Mettez les chiffres romains désignant les siècles en petites capitales! C'est le *nec plus ultra* de la typo!

1417 C'est plus propre lorsqu'on décoche l'option « Autoriser le fractionnement des lignes » dans un tableau en Word.

1418 Selon le Ramat et *L'art de ponctuer*, l'expression « et ce » doit être encadrée de virgules (une avant et une après).

1419 En français, on met plus volontiers une parenthèse fermante qu'un point après une minuscule d'énumération : « a) » et non « a. ».

1420 PowerPoint n'ajoute pas d'espace immédiatement après les points servant de puces d'énumération. Soyez plus soigné que lui.

1421 Les points de suspension conviennent souvent parfaitement pour traduire un tiret vers la fin d'une phrase.

1422 Dans un tableau, si l'original était justifié gauche-droite, prenez la peine de changer la justification pour la mettre à gauche seulement.

1423 Dans une citation, les points de suspension espacés (. . .) de l'anglais deviennent collés et entre crochets en français [...].

1424   En français, dans un numéro de paragraphe, on voit souvent un point après un chiffre, mais beaucoup moins souvent après une lettre.

1425   Il n'est pas nécessaire de mettre des guillemets aux lettres qui désignent des annexes (ex. : annexe A et non annexe « A »).

1426   En anglais, chiffres et lettres d'énumération ont généralement deux parenthèses; en français, ne mettons que la parenthèse fermante.

1427   Dans un texte non littéraire, il vaut mieux séparer deux propositions indépendantes par un point-virgule plutôt que par une virgule.

1428   Après « presque », on ne fait jamais l'élision, sauf dans « presqu'île ».

1429   « Je soussigné, Paul Untel, déclare... » s'écrit sans virgule avant « soussigné ».

1430   En français, on ne met pas de virgule avant « inc. ».

1431   Quand on cite un alinéa d'une loi fédérale, la lettre est en italique, mais pas la parenthèse qui la suit : « alinéa 1(2)*c*) ».

1432   Si la phrase introduisant une énumération verticale est incomplète, il faut que les éléments énumérés se lisent dans sa continuité.

1433   Pour les autonymes, les guillemets sont acceptables, mais l'italique est plus chic et moins lourd (ex. : *Legs* prend toujours un *s*).

1434   Il est parfois utile de mettre le nom d'un programme entre guillemets pour favoriser la clarté (ex. : le programme « Moi, toi et l'autre »).

1435   On peut très bien, en français comme en anglais, commencer un titre par « Comment »/*How to* sans mettre de point d'interrogation à la fin.

1436   Si vos éléments d'énumération sont courts, allez-y donc avec des minuscules initiales, c'est moins agressant pour les yeux.

1437   Une incise peut être entre parenthèses, tirets ou virgules. Il est rarement justifié d'interchanger ces procédés dans la traduction.

1438   Les mots composés avec « mini- » s'écrivent sans trait d'union, sauf éventuellement pour éviter la rencontre de deux voyelles.

1439   Un titre de formulaire demeure un titre. Donc, italique (de plus, c'est plus léger et plus chic que les guillemets).

1440   Selon le *Dictionnaire des difficultés* de Larousse (Thomas), « puisque » ne s'élide que devant « il(s)/elle(s)/on », « en » et « un(e) ».

1441 Les titres de loi se mettent en italique, mais pas les sigles formés avec ces titres.

1442 L'italique est plus standard que les guillemets pour citer un titre, et c'est aussi plus élégant et moins lourd visuellement.

1443 Le mot « Loi », utilisé absolument avec une majuscule initiale en ellipse pour le nom complet d'une loi réelle, s'écrit en italique.

1444 Sauf exceptions, la tendance est à l'élimination des traits d'union : « prématernelle » plutôt que « pré-maternelle », etc.

1445 « S'il vous plaît » ne prend pas de trait d'union.

1446 Selon le *Petit Robert*, « compte rendu » ne prend pas de trait d'union. Ni « trait d'union », d'ailleurs.

Prépositions et locutions prépositives

1447 « Par rapport à » ne signifie pas « au sujet de ». Cette locution implique une comparaison.

1448 « Capacité à » ou « capacité de » + verbe? Google montre que la lutte est serrée et ne peut départager les résultats de façon probante!

1449 Il est souvent plus naturel de dire « la modification de » plutôt que « une modification à ».

1450 En général, on dit plus naturellement « des moyens de » que « des moyens pour ».

1451 « En automne », mais « à l'automne 2008 ».

1452 « Aux côtés de » est plus naturellement suivi d'un complément désignant une ou des personnes. Sinon, on verra plutôt « à côté de ».

1453 « Égalité entre les sexes » : 675 000 occurrences dans Google; « égalité des sexes » : 1 750 000.

1454 Demandez-vous si « en matière de » est nécessaire. « Les normes de sécurité et d'environnement », c'est généralement suffisant.

1455 En économie, on ne dira pas « la demande pour », mais plutôt « la demande de » ou « la demande visant ».

1456 *In* introduit souvent un complément de nom et non de lieu : « Les municipalités **de** l'Ontario » et non « en Ontario ».

1457 Est-il vraiment nécessaire de répéter les « de » et les « à » dans les énumérations de villes? Je dirais que non dans ce cas particulier.

Réflexions

1458 « C'est beau, je voulais juste que tu confirmes ma perplexité », vient de me dire une réviseure. On fait tout un métier quand même.

1459 Ce serait tellement dommage que le masculin cesse vraiment d'embrasser le féminin.

1460 J'aurais dit que « assurément » est bizarre ou rare. Le *Petit Robert* dit qu'il est vieilli. Vous n'êtes pas obligés de me croire, moi.

1461 Le principe « un mot anglais = un mot français », qui accompagne presque immanquablement la constitution de lexiques internes, tue la langue.

1462 La traduction est une forme de pastiche.

1463 Je me trompe, ou « faits saillants » se dit mal de quelque chose à venir?

1464 En disant « conséquence » au lieu de « punition », vous dénaturez un mot lamentablement.

1465 Il me semble qu'on ne peut pas parler d'« équipement à la fine pointe » sans dire à la fine pointe de quoi...

1466 Un réviseur peut aussi se tromper.

1467 La rigueur, c'est une question de rigueur.

1468 M'est-il permis d'exprimer ici mon dégoût pour les expressions artificielles comme « les personnes apprenantes », qui dénaturent la langue?

1469 Un mot peut être critiqué, et à éviter en général, et mystérieusement bien passer dans certains contextes. Merveille de la langue.

1470 Les provinces sont en fait des États. Donc on devrait pouvoir traduire *jurisdictions* par « États » comme générique. Mais bonne chance.

1471 Quand le réviseur se rend compte qu'il a les bras croisés en révisant une traduction, c'est vraiment très bon signe pour le traducteur.

1472 Qui dira jamais le plaisir éprouvé par le réviseur qui trouve « les esprits chagrins » utilisé à bon escient dans un texte qu'il révise?

1473 Chapeau aux traducteurs des chansons de Noël!

1474 Je suis de ceux qui soupçonnent que *award-winning* peut parfois se traduire sans référence à un prix (p. ex. par « exceptionnel »).

Simplifions

1475   N'oubliez pas que *year* peut se traduire par « année » ou « an ». On dit plus naturellement « 30 ans d'expérience ».

1476   « Au moment de », « lorsqu'il s'agit de » : une fois sur deux, ces tournures lourdes sont inutiles.

1477   Avant d'écrire « dans lequel », demandez-vous si « où » ne serait pas suffisant...

1478   On ne rehausse pas un texte en remplaçant « d'habitude » par « à l'habitude ». En fait, le *Petit Robert* ne consigne que le premier.

1479   Avant d'utiliser « duquel », « de laquelle, » « desquels » ou « desquelles », demandez-vous si « dont » ne ferait pas l'affaire.

1480   Êtes-vous de ceux qui abusent de « ainsi que » et « de même que »? Commencez par essayer « et », vous allez voir comme c'est pratique!

1481   « Accord mutuel » est toujours un pléonasme.

1482   « Rationaliser » est un beau mot trouvé pour traduire *streamline*, mais « simplifier » est généralement plus simple et tout aussi efficace.

1483   Je ne suis pas tant pour la simplification de la langue que pour sa non-complication.

1484   *To provide information*, c'est certes « fournir de l'information », mais pourquoi pas simplement « informer »?

1485   « Pour en savoir plus » me paraît tellement plus naturel que « Pour obtenir plus de renseignements ».

1486   Dire « à titre d'exemple » au lieu de « par exemple » n'est pas nécessairement une amélioration.

1487   « Flux net de trésorerie » est un terme comptable spécialisé. *To have cash flow problems*, c'est plus simplement « manquer de liquidités ».

1488   *Based on evidence* : « basé sur les faits », oui, peut-être, mais « objectif » ne rend-il pas plus simplement l'intention?

1489   Est-ce que « lors de la réunion » est fautif? Probablement pas. Est-ce que « à la réunion » est plus simple et plus court? Oui.

1490   *Business process* **re-engineering** = **révision** des processus opérationnels, tout simplement... Bravo à la traductrice qui a eu cette idée!

1491 Respecter les exigences en matière de réglementation = Respecter la réglementation.

1492 Respecter les conditions/dispositions de la *Loi sur...* = Respecter la *Loi sur...*

1493 Les mesures à prendre afin de = les moyens de.

1494 Le français aussi a le droit d'être direct et convivial. *Thank you for* = Merci de. Pourquoi aller jusqu'à « Nous vous remercions de »?

1495 Je vais vous laisser utiliser « se questionner à savoir si » si vous réussissez à m'expliquer en quoi c'est différent de « se demander si ».

1496 « Servir à » est souvent plus léger et plus idiomatique que « être utilisé pour » pour traduire *to be used to*.

Singulier vs pluriel

1497 Selon le *Petit Robert*, on écrit « entrer en fonctions » et non « entrer en fonction ».

1498 Attention à l'influence de l'anglais : *drugs* est toujours au pluriel, mais « drogue » normalement au singulier.

1499 On « fait des affaires » avec qqn, mais on « fait affaire » avec qqn. Subtilité de la langue française, quand tu nous tiens!

1500 En français, le mot « infrastructures » est plus fréquemment employé au pluriel; en anglais, c'est plus souvent au singulier.

1501 Attention : *counsel* peut être un pluriel autant qu'un singulier.

1502 On écrit « dans le même ordre d'idées » et « aux côtés de », non « dans le même ordre d'idée » ni « au côté de » (généralement).

Sortons de nos ornières

1503 Comme le *keynote address* est généralement prononcé en début de congrès, « discours d'ouverture » constitue normalement un bon équivalent.

1504 « Problème » est beaucoup plus souvent approprié qu'« enjeu » pour traduire *issue*.

1505 Les traducteurs mettent en œuvre des mesures et des projets. Les gens normaux appliquent des mesures et réalisent des projets.

1506   *Disclosure* est mieux traduit par « communication » que par « divulgation », car ce dernier terme connote plusieurs destinataires.

1507   *Material,* c'est plus souvent « documents » (au sens large) que « matériel », lequel équivaut plutôt à *equipment, hardware...*

1508   Libérez-vous de « rendement »! « Résultats » convient souvent mieux pour traduire *performance*!

1509   « Toile de fond », pour traduire *background,* est souvent plus approprié que le vague et usé « contexte ».

1510   Avez-vous remarqué qu'une présentation PowerPoint créée en français commence généralement par « Plan » et non par « Survol » ou « Aperçu »?

1511   Ne vous laissez pas hypnotiser par *address* : « s'attaquer à un problème » est souvent trop violent, et il y a des solutions plus simples.

1512   *Meeting* : on peut penser à « assemblée » et à « rendez-vous », aussi, dans des cas particuliers.

1513   « Aujourd'hui » me paraît presque toujours plus naturel que « de nos jours », qui trahit trop souvent la plume d'un traducteur.

1514   Une *evidence* n'est pas toujours une preuve; c'est même souvent seulement un signe.

1515   Ne pas abuser de « examiner » pour *review*. On n'« examine » pas un courriel, on le **lit** ou on en **prend connaissance**.

1516   Vous devez traduire *Updated Due Date*? « Échéance révisée » : 147 occurrences dans Google; « nouvelle échéance » : 11 700.

1517   « Préoccupation(s) », sans être à bannir, trahit souvent une traduction.

1518   « Fonctions » est souvent plus naturel que « poste » pour traduire *position.*

1519   « Marketing » est souvent acceptable en français, mais « promotion » ou « activités promotionnelles » est parfois plus approprié.

1520   Pour traduire *debriefing,* on peut utiliser « explications » tout court ou « compte rendu », selon le cas.

1521   On peut souvent trouver plus idiomatique que « soutenir » et « appuyer » pour traduire *support.*

1522   Il est souvent plus juste de traduire *to complete a task* par « réaliser une tâche » plutôt que par « terminer une tâche ».

1523 Pourquoi pas tout simplement « bureau(x) » pour traduire *place of business* dans certains contextes?

1524 *Demonstrated skills* = aptitudes/compétences avérées (dans une description de poste).

1525 « Document explicatif » pour *backgrounder* (en plus de toutes les autres possibilités), pourquoi pas?

1526 « Axe de communication », pour *lead message*, en marketing/ publicité, il me semble que ça marche, non?

1527 « Estimer » est souvent plus naturel que « croire » pour traduire *believe* ou *feel*.

1528 « La suite des choses » est une façon plus idiomatique de traduire « Next Steps » que « Prochaines étapes ».

1529 Avez-vous déjà pensé à « dispositif » pour traduire *mechanism* même dans un sens abstrait? À utiliser avec parcimonie, mais cela se fait.

1530 Quand vous voyez *movies* ou *films*, essayez « le cinéma » avant de vous rabattre sur « les films ».

1531 Solution peu usitée et souvent appropriée pour *identify* : « dresser la liste de ».

1532 Que diriez-vous de « synthèse » pour *Executive Summary*?

1533 Dans deux textes différents révisés aujourd'hui, « efficacité » était beaucoup plus approprié que « rendement » pour traduire *performance*.

1534 Tiens! « Conseils et mises en garde » pour *Do's and don'ts*... pas bête du tout!

1535 Ne pas oublier « révision » pour traduire *amendment*; c'est parfois plus naturel et moins lourd que « modification ».

1536 Pour *monitoring* : suivi, contrôle, encadrement, veille, vigie...

1537 *Educational* se traduit parfois plus justement par « didactique » ou « pédagogique » que par « éducatif ».

1538 Dans certains contextes, *IT* peut se traduire simplement par « informatique » au lieu de « technologies de l'information ».

1539 N'hésitez pas à utiliser « assister », au passif comme à l'actif. Ce mot traduit souvent bien *help* ou *support*.

1540 « S'occuper de » est souvent une bonne solution pour *manage*, par exemple dans les descriptions de poste.

1541 Pour faire changement, au lieu du sempiternel « occasions », essayez « perspectives » pour traduire *opportunities*.

1542 Essayez « utilité » pour *impact* parfois. Ça marche rarement, mais quand ça marche, c'est drôlement efficace.

1543 Il est souvent plus naturel de traduire *to access* par « consulter » (un site, des renseignements) plutôt que « accéder ».

1544 Pensez-vous souvent à « action » pour traduire *work*? Essayez, vous verrez, c'est parfois étonnant...

1545 La prochaine fois que vous verrez *in the context of* en parlant d'un événement, essayez donc « dans la foulée de » pour voir.

1546 La prochaine fois que vous verrez *for example*, essayez donc « ainsi » pour voir.

1547 « Suivi » rend parfois mieux *monitoring* que « surveillance ».

1548 Avez-vous déjà pensé à « plusieurs » pour traduire a *variety of, different* ou *various*?

1549 « Outils » existe certes au sens figuré en français, mais ne pas oublier « moyens », parfois plus idiomatique parce que plus abstrait.

1550 On voit souvent « citoyens » au sens de *residents* dans le contexte municipal.

1551 « Directives » ne serait-il pas plus court et plus idiomatique que « lignes directrices » pour traduire *guidelines*?

1552 Penser à « formule » pour traduire *format* dans certains contextes.

1553 *Employee orientation* : pourquoi pas « intégration des employés »?

1554 Tiens, « pratiques sûres » pour traduire *best practices*. Pas bête!

1555 « Encadrement » n'est-il pas nettement mieux que « soutien continu » pour rendre *ongoing support* (s'appliquant à des doctorants)?

1556 « Grâce à » est souvent plus court, plus léger et plus efficace que « à l'aide de ».

1557 Très souvent, « commentaires » fait beaucoup plus naturel que « rétroaction » pour traduire *feedback*, tout en étant tout aussi efficace.

1558 Avant de traduire a *number of* par « un certain nombre de », demandez-vous si « des » ou « plusieurs » ne feraient pas mieux l'affaire.

1559 Rien de plus soporifique qu'une phrase qui commence par « en outre ». Solutions de rechange : « par ailleurs », « cela dit »...

1560   Débarrassez-vous du sempiternel « mettre en œuvre »... essayez « réaliser », « exécuter », « appliquer », plus courts et plus idiomatiques!

1561   « Brouillon » a généralement une connotation un peu péjorative que n'a pas *draft*.

1562   « Conformément à » en début de phrase est souvent un terme impropre résultant d'un mauvais réflexe.

1563   *Concerns* peut parler d'inquiétude et de préoccupations, mais parfois aussi carrément de **réserves**, voire de **mécontentement**.

1564   Trop peu de traducteurs pensent à « frais » et à « dépenses » pour traduire *costs*, souvent plus idiomatiques que « coûts ».

1565   *Refer to Annex 1 for a list of* . . . = Voir à l'annexe 1 **la** liste de....

1566   *Summary*? Bien souvent une liste, tout simplement.

1567   Traduire *scope* par « portée »? Réflexe facile et trop rapide. « Champ » est une des multiples solutions plus naturelles.

1568   Traduire *comprehensive* par « exhaustif »? Réflexe facile et trop rapide. « Complet », entre autres, fait parfois plus naturel.

1569   Étonnant de voir à quel point on voit rarement *identify* traduit par « trouver ». C'est pourtant bien souvent le sens.

1570   Tiens! L'expression « Indien de plein droit » n'est-elle pas plus jolie que « Indien inscrit »? Voir cependant la précision dans Termium.

1571   Votre humble serviteur vient de découvrir (et capote sur) l'expression « périmètre comptable ».

1572   « Études » est souvent plus idiomatique que « recherche(s) » pour traduire *research*.

1573   Le premier qui utilise le mot « interlocuteur » en français m'envoie un gazouillis?

1574   *Concern* : « inquiétude » a une valeur émotive qui ne convient pas à un texte administratif ou juridique.

1575   Bravo à l'Ontario pour cette belle équivalence : *Ontario Special Education Tribunal* = Tribunal de l'enfance en difficulté de l'Ontario.

1576   Traductions originales et souvent très pertinentes de *concerns* : « motifs de préoccupation », « motifs de mécontentement ».

1577   « Vérifier que » existe certes. « S'assurer que » a exactement le même sens (d'ailleurs autre que *ensure*!) et est beaucoup plus naturel.

1578 Oubliez « discours-programme », qui ne s'applique pas dans la majorité des cas où l'on utilise *keynote speech* en anglais.

1579 « Félicitations » est une bonne traduction standard pour *Congratulations*. Solution de rechange plus simple et plus courte : « Bravo ».

1580 À bien y penser, « écologique » peut très bien traduire *sustainable* dans certains contextes.

1581 Les sempiternels « soutenir » et « appuyer » peuvent servir à traduire *support*, mais « aider » est souvent bien plus simple et naturel.

1582 On hésite souvent entre « renseignements », « données » et « information » pour *data*. Essayer « chiffres » des fois.

1583 Le mot « respect » (p. ex. dans « respect de la réglementation») est souvent plus naturel que « conformité » pour traduire *compliance*.

1584 « Contrat » est parfois aussi valide que « entente » ou « accord » pour traduire *agreement*, même si on n'ose pas souvent l'utiliser.

1585 Pourquoi pas « efficacité budgétaire » pour rendre *cost effectiveness*, dans l'administration publique?

1586 Attention à la traduction de *cost-effective*. On ne peut quand même pas parler de mesures d'urgence rentables.

1587 Je suis étonné de constater à quel point les traducteurs pensent peu souvent à « définir » pour traduire *identify*.

1588 Entendu à la radio : « Contribution en biens et services ». Pas mal plus beau que « contribution en nature » , non? (*in-kind* en anglais).

1589 En français, on parle plus naturellement de la date, de l'heure et du **lieu** que de la date, de l'heure et de l'« endroit » d'un événement.

1590 Des *key messages*, est-ce que ce n'est pas ce que les spécialistes en français appellent des axes de communication?

1591 C'est bien beau, traduire *review* par « examen », mais le mot « réexamen » est souvent bien plus clair et plus approprié.

1592 *Pressure*, dans un budget, signifie plutôt « contrainte » ou « besoin » que « pression ».

1593 *To complete a course*, c'est **faire/suivre un cours**, et non terminer un cours.

1594 Traduire *FAQs* par « en bref »... bravo au traducteur qui a eu cette idée!

1595 Gazouillis intuitif et gratuit : Les traducteurs, surtout les jeunes, abusent des verbes « englober » et « renfermer ».

1596 *Engineering* se traduit souvent par « technique ». *Engineering and administrative controls* = mesures techniques et administratives.

1597 Je réserverais « rétroaction » à la gestion du personnel ou à peu près. Sinon : « commentaires », « s'exprimer », « faire valoir... », etc.

1598 Il est rare que « au nom de » soit nécessaire pour traduire *on behalf of*. Essayez d'abord « de » ou « pour », c'est souvent plus clair.

Sources

1599 Autres sources négligées par les traducteurs : le *Harrap's* et le *Robert & Collins*, tout simplement, inépuisables mines de renseignements!

1600 On dira ce qu'on voudra, Wikipédia est devenue une formidable source d'information, et très fiable pour l'essentiel.

1601 Vous n'êtes pas sûr du sens anglais d'un mot? www.onelook.com

1602 Vient de paraître : *The Prosperous Translator* : http://prosperous translator.com.

1603 Google et nombre d'occurrences : Les chiffres absolus ne sont pas nécessairement probants. Ce sont les comparaisons qui sont utiles.

1604 R. Meertens vient de publier une nouvelle édition du *Guide anglais-français de la traduction* (renemeertens.eu).

1605 Je ne saurais trop recommander *Les bons mots du civil et du pénal*, de Madeleine Mailhot, pour la traduction juridique.

1606 Intéressant (et impressionnant) comme outil de recherche : www.2lingual.com. Tapez un terme, et il trouve des traductions sur le Web.

1607 Question de ponctuation? Consultez *L'art de ponctuer* de B. Tanguay. Réponse à tout, belle typographie, format agréable à manipuler.

Soyons ouverts

1608   J'aurais tendance à accepter « les plus de 50 ans », pour la concision et l'idiomaticité, et ça n'enlève rien à la clarté.

1609   Le *Petit Robert* reconnaît « développer une maladie » (ouf!).

1610   « Prendre une marche » : quand même dommage comme interdiction, car « aller marcher » n'a pas vraiment la même connotation.

1611   C'est vraiment dommage que « retourner un appel » soit considéré comme un anglicisme. Car « rappeler » ne fait pas toujours l'affaire...

1612   Non, il n'y a pas d'animisme vicieux à dire « avertir la salle de contrôle ». C'est une simple métonymie de bon aloi.

1613   N'évitons pas « avoir » de façon maladive. On peut **avoir** les documents requis, et non disposer de ces derniers ni les détenir.

1614   Abuser de « concernant », c'est manquer de respect pour la langue. Mais s'en priver l'est tout autant.

1615   Pouquoi se casser la tête pour éviter « retraite » pour traduire *retreat*? Aucune solution de rechange ne convient vraiment.

1616   Quand le sujet est une collectivité humaine (pays, entreprise, bureau, association, ville, etc.), il n'y a pas de risque d'animisme.

1617   Les *Clefs du français pratique* (Bureau de la traduction) acceptent « minimiser » comme antonyme de « maximiser ».

1618   Il n'y a aucune raison d'éviter « marcher » au sens de « fonctionner ». De plus, c'est plus court et plus vivant!

1619   Une chose peut bel et bien **rentrer** dans une catégorie, ou une tâche **rentrer** dans les attributions de quelqu'un.

1620   Je vote pour que le mot « magasinage » passe en français standard...

1621   Il n'est pas toujours approprié de traduire un passif par « on ». Libérons-nous des dogmes et sachons faire preuve de jugement.

1622   Le *Petit Robert* reconnaît que « d'autre part », en début de phrase, ne nécessite pas obligatoirement un « d'une part » qui le précède.

1623   Si la date visée est dans moins d'une semaine, on **peut** écrire « mercredi, le 2 décembre » (avec une virgule). C'est alors une apposition.

Style

1624 Le traducteur doit se défaire du réflexe trop répandu d'aseptiser le texte : un texte vivant en anglais doit être vivant en français!

1625 Collègues traducteurs, il ne suffit pas de changer la langue des mots. Il faut un peu d'esprit et de cœur aussi, bon sang!

1626 C'est bien triste pour « promeut », mais cette forme du verbe « promouvoir » est carrément laide et doit être évitée.

1627 « Dont notamment » : pléonasme. *Idem* pour « dont 99 d'entre eux ».

1628 Une phrase peut être relativement longue et claire malgré tout... à condition d'être bien structurée et bien ponctuée.

1629 Si l'expression est écrite au long en anglais, il vaut mieux l'écrire au long en français aussi, même si le sigle a été établi précédemment.

1630 Un infinitif impersonnel comme « voir » convient mieux aux textes administratifs qu'un impératif comme « voyez », « reportez-vous », etc.

1631 « Vérifier que » existe certes, mais « vérifier si » et « s'assurer que » coulent souvent mieux.

1632 Félicitations à Telus, qui dit « Pour être servi en français... » au lieu de « Pour un service en français... »

1633 « Ou bien » relève de la langue familière. Il est très rare que cette expression convienne dans un texte administratif.

1634 Un infinitif sujet, ça se peut en français, mais surtout dans des phrases courtes. Sinon, c'est souvent une influence indue de l'anglais.

Titres

1635 Un titre ne se termine jamais par un point final (sauf s'il constitue une phrase complète ou si le texte le suit sur la même ligne).

1636 Pas besoin de mettre un deux-points au bout d'un sous-titre qui est souligné, en caractères gras ou en italique.

1637 On peut écrire « Première partie » puis « Partie 2 » (comme titres), comme on peut écrire « Chapitre premier » puis « Chapitre 2 ».

Traduction administrative

1638 Le *sign-off* est certes une signature, mais c'est surtout une **approbation**.

1639 Je me trompe, ou *wrap-up* veut plus souvent dire « conclusion » que « récapitulation » à la fin d'un ordre du jour?

1640 « Secrétaire de séance » ne serait-il pas plus approprié que le disgracieux « preneur de notes » de Termium pour *notetaker*?

1641 On parle normalement de la **lecture** et de l'**adoption** d'un procès-verbal, et non de son examen et de son approbation.

1642 « (Séance d')explications » devrait être l'expression à retenir pour traduire *debriefing* dans le contexte d'un appel d'offres.

1643 L'administratif a son style et son élégance, mais il ne faut pas pour autant les confondre avec ceux du littéraire.

1644 *Sales*, c'est bien sûr des ventes, mais pour une entreprise, c'est aussi ce qu'on appelle en français le chiffre d'affaires.

1645 Ne croyez jamais avoir le fin mot pour la traduction de *policy*. C'est presque à réinventer chaque fois...

1646 « Gestionnaire » et « cadre », d'accord en général, mais pour *your/my manager*, « votre/mon supérieur » convient souvent mieux.

1647 « Services administratifs » traduit souvent tellement bien *corporate/core/support services*.

1648 « Supérieur immédiat » me paraît bien plus idiomatique que « superviseur immédiat ».

1649 « Personnes compétentes » est souvent la solution idiomatique, en langue administrative, pour *relevant/appropriate people/persons*.

1650 *A/* suivi d'un titre de poste (*A/Director*) signifie *acting* et non *assistant* et se traduit par « p.i. » (par intérim) (directeur p.i.).

1651 Il y a dans « peaufiner », pour rendre *finalize*, une connotation perfectionniste ou esthétique qui sied mal aux textes administratifs.

1652 ® se traduit par « MD » en exposant quand la marque a été déposée au Canada. On le laisse tel quel si la marque est américaine.

1653 Quand on traduit une adresse des États-Unis, il vaut mieux ne pas traduire la partie qui sera lue aux États-Unis (ex. : *Post Office Box*).

1654 Dans un contexte administratif, on **déclare** plus qu'on affirme.

1655 *P.C.*, après le nom d'un ministre, signifie *Privy Council* et se traduit par « C.P. » (« Conseil privé »).

1656 Attention : *round table* peut signifier « table ronde », mais dans une réunion, ça signifie plutôt généralement « tour de table ».

1657 *Terms of reference* : généralement « mandat » dans le cas d'un comité, « cadre de référence » dans le cas d'un programme.

1658 *Crown* = l'État. N'utiliser « la Couronne » que lorsque c'est obligatoire (contextes judiciaires ou archaïques).

1659 La forme impersonnelle est à privilégier en français administratif : préférer « (à) noter que » à « veuillez noter que » pour *Please note*.

1660 Lorsque le mot *draft* est suivi d'un numéro, « version » est presque toujours la meilleure traduction.

1661 **1** *Memorandum* se traduit généralement par « note de service », mais on peut aussi souvent dire « note » tout court.

1662 **2** *Addendum* : Une note de service ne peut s'adresser qu'à des subordonnés.

1663 En langage administratif, on parlera des **gestionnaires compétents** lorsqu'on veut dire « les gestionnaires concernés ».

Traduction juridique

1664 QUAND UN AVOCAT MET UN PARAGRAPHE ENTIER EN MAJUSCULES DANS UN CONTRAT, EST-CE QUE ÇA VEUT DIRE QUE LES AUTRES PARAGRAPHES SONT MOINS VRAIS?

1665 « Invalide » est un archaïsme et une influence de l'anglais pour *invalid*. On recommande plutôt « nul », « non valide » ou « non valable ».

1666 Dans un projet d'accord, les crochets signalent généralement des passages qui n'ont pas encore fait l'objet d'une entente officiellement.

1667 Dans les jugements, les juges parlent généralement au « je » et non au « nous ».

1668 Si on cite la traduction d'un extrait de décision d'un tribunal fédéral, il n'est pas nécessaire d'écrire « (Traduction) ».

1669 En contexte de litige, essayez « débat(s) » pour *issue* ou *proceedings*, ça peut donner des résultats étonnants...

1670 « En cour » est à éviter en langage judiciaire. Préférer « en justice », « devant les tribunaux », « devant le tribunal »...

1671 *The judge **correctly** dismissed the claim* = Le juge **a eu raison de** rejeter la revendication.

1672 « Le ministère public » désigne la poursuite dans un procès pénal, mais l'expression ne peut être abrégée par « le Ministère ».

1673 *Bar* = le barreau (les avocats). *Bench* = la magistrature (les juges).

1674 Les juristes appellent *laymen* les non-juristes. Ce dernier mot convient souvent mieux que « profanes » dans ce genre de contexte.

1675 *Evidence* signifie aussi « pièce à conviction ». Ne boudez surtout pas le plaisir d'utiliser ce terme si l'occasion se présente!

1676 Il semble que l'usage sur Google privilégie nettement « décerner/ délivrer un mandat », mais aussi « l'émission/la délivrance d'un mandat ».

1677 On **décerne** un mandat, on ne l'émet pas.

1678 Dans le domaine judiciaire, les *reasons* sont des motifs (motifs du juge, motifs d'une décision).

1679 Le mot *legislation* peut désigner une loi en particulier et non nécessairement un ensemble de lois.

1680 *If it becomes evident that* = s'il appert que (dans un texte juridique).

1681 Attention : en droit, *property* se traduit souvent plus justement par « biens » ou « terrain » (selon le cas) que par « propriété ».

1682 Bien des auteurs estiment qu'il est souvent inutile de traduire *from time to time*. J'en suis (quoiqu'il faille toujours rester vigilant).

1683 *Statutory and legislative* a bien des chances de constituer un doublon.

1684 « La loi » est souvent bien plus simple et tout aussi pertinent que « des/les mesures législatives » pour traduire *legislation*.

1685 Dans une loi, les *subsections* sont des paragraphes, les *paragraphs* étant des alinéas...

1686 Dans une loi, une *section* est généralement un **article** et non une section.

1687 Le *character* d'un témoin ou d'un accusé, c'est sa **réputation** ou sa **moralité**, et non son caractère.

1688   *Criminal* peut se traduire par « criminel » ou par « pénal ». Ce qui s'oppose au droit civil, c'est le droit pénal (*criminal law*).

1689   Un juge ne « maintient » pas qqch. dans une décision (*hold*) : il affirme, conclut, soutient, indique, déclare...

1690   Cooccurrents : on n'impose pas une peine ou une sanction, on l'**inflige**.

1691   Attention : *petition*, en contexte juridique, est une **requête** ou une **demande** et non une pétition.

1692   Dans un texte juridique concernant une société commerciale, *directors* = administrateurs, et *officers* = dirigeants.

1693   On ne me fera pas croire que « malgré ce qui précède » procure la même jouissance que « nonobstant ce qui précède ». #TweetSubjectif

1694   *Terms and conditions of this agreement* : pourquoi pas « la teneur de la présente entente »? #TweetAudacieux

1695   Avis aux avocats : avec des phrases de 75 à 150 mots indécorticables, vous ne protégez pas votre client, vous mettez l'entente en péril.

1696   *Sections in an agreement can be grouped together into articles.* = Les articles d'un contrat peuvent être regroupés en sections.

1697   L'auteur de ces lignes est entièrement pour la simplification de la langue, mais vous ne lui ferez pas abandonner « nonobstant »! :-)

1698   « Tout » pour traduire *any* est souvent abusif en contexte juridique. Le simple article défini ou indéfini fait souvent l'affaire.

1699   Maintenant, je sais comment on se sent après avoir révisé une phrase de 144 mots.

1700   *The execution of an agreeement*, c'est sa **signature** et non son exécution. L'exécution s'appelle en anglais *performance* ou *delivery*.

1701   *The unsuccessful party* = la partie déboutée (dans un procès).

1702   Dans le domaine des droits d'auteur et de la propriété intellectuelle, *work* se traduit par « œuvre ».

1703   *Litigation* peut désigner un ou des litiges, certes, mais collectivement c'est ce qu'on appelle généralement un (ou le) contentieux.

1704   « Disposition législative » n'est qu'un pis-aller pour traduire *legislation*. « Législation » et « loi(s) » sont souvent plus appropriés.

1705   On dit qu'un juge ou une instance judiciaire **rend** une décision plutôt que de la prendre.

1706   La décision d'un arbitre (p. ex. en relations du travail) s'appelle une sentence (arbitrale).

1707   *Hereby* se traduit généralement par « par les présentes ». Mais essayez de ne pas le traduire, et souvent, il ne manquera pas grand-chose.

1708   « La présente » s'utilise dans une lettre. Dans un contrat, on dit plutôt « les présentes » ou « aux présentes » (je ne sais pas pourquoi).

1709   *The case is presented by each party* = Chaque partie présente **ses arguments** (et non sa cause).

1710   *The decision is final.* = La décision est sans appel (en droit).

1711   *Disclosure*, en droit, c'est la **communication de la preuve** et non la divulgation.

1712   *Company name* = « nom de l'entreprise » (langue courante), ou « raison sociale », ou « dénomination sociale ».

1713   L'abréviation *ss.* est le pluriel de *s.* (*sections*) et se traduit donc par « art. » (« articles »), comme *pp.* est le pluriel de *p.*

1714   *Crown lands* = terres publiques, terres domaniales.

1715   Si vous écrivez les titres de lois en italique, vous devez faire de même avec le *Code civil* et le *Code criminel*, qui sont aussi des lois.

1716   On édicte ou on promulgue une loi; on édicte ou on prend un règlement.

1717   Dans les contrats, l'article est souvent plus simple et suffisant pour traduire *any*. *If **any** person* . . . = si **une** personne...

1718   Dans les contrats, pour traduire *if, at any time* . . ., « si... » suffit normalement en français.

1719   On traduit *v.* ou *vs* par « c. » dans les intitulés de cause judiciaire (« Kramer c. Kramer »), mais seulement dans ces cas.

1720   « Il a appelé **de** la décision » ou « Il **en** a appelé à la Cour », mais pas « il en a appelé de la décision ».

Trucs du pro

1721 *To feature* n'est pas nécessairement mettre en vedette ou en évidence. Ça peut être simplement **présenter** ou **comporter**.

1722 Les mots *highlight* et *focus* n'ont pas nécessairement un sens aussi fort qu'un francophone serait porté à le croire de prime abord.

1723 Il est souvent plus idiomatique de traduire *plans* par « intentions » ou « projets » que par « plans ».

1724 Vous hésitez entre articles définis et articles indéfinis dans une énumération? Essayez donc pas d'article du tout...!

1725 *key policy issues* = grandes questions de fond.

1726 *Future* se rend parfois avantageusement par « demain » (ex. : les défis de demain).

1727 Aujourd'hui, *to email sb* peut souvent se traduire par « écrire à qqn » au lieu de « envoyer un courriel à qqn ».

1728 *Above*, après une énumération, peut souvent se traduire par un simple démonstratif. *The requirements above* = ces exigences.

1729 Pour que vos textes ne sentent pas la traduction, troquez « en outre » et « de plus » pour « par ailleurs » de temps en temps.

1730 « Bien que » marque une **concession** par rapport à la principale, et ne convient pas si souvent pour traduire *while*.

1731 Bien souvent, il est inutile de traduire le *all* après un pourcentage : *55% of all managers* = 55 % des gestionnaires.

1732 « Bulletin d'information » convient souvent bien mieux que « mise à jour » pour traduire *Update*.

1733 *To map and analyze how we do our work* = Schématiser et analyser nos méthodes de travail.

1734 Pour une entreprise, essayez « est propriétaire de » au lieu de « possède » pour traduire *owns*.

1735 *Person or organization, individual or firm*, etc. = personne physique ou morale (si la nature du texte s'y prête).

1736 « Externe » : solution simple et idiomatique pour traduire *third party* comme adjectif (*third-party supplier, third-party administrator*).

1737 *Identification and prioritization of issues* = description hiérarchisée des problèmes.

1738 *The government may wish to . . .* = Le gouvernement pourrait juger bon de...

1739 *Some new services were mapped* = Certains nouveaux services ont été répertoriés.

1740 *Service mapping* = l'inventaire des services.

1741 « Se voir » + inf. est souvent une manière primaire de traduire un passif. Demandez-vous d'abord s'il n'y aurait pas une autre solution.

1742 Quand l'anglais parle de *roles*, il y a souvent en sous-entendu l'idée de **répartition** des rôles, qu'il vaut mieux expliciter parfois.

1743 Essayez « moyens » pour traduire *capacity*; c'est souvent parfait.

1744 « Des » + nom + passif + « par » : il est souvent plus efficace de mettre la phrase à la voix active.

1745 « Des » + nom + « peuvent/doivent » + passif est généralement un calque à éviter au moyen d'un verbe impersonnel.

1746 Quand le mot *and* relie deux propositions, la phrase française coule parfois mieux si on le traduit par « pour ».

1747 Penser plus souvent au mot « grand » pour traduire *main, key, major...*

1748 « Centre » est souvent plus idiomatique qu'« installation » pour traduire *facility* dans un syntagme (ex. : Centre de traitement).

1749 *Identify* : pourquoi pas « faire ressortir », dans certains contextes?

1750 Le *you* a parfois une valeur de « on ». Ne pas rater les occasions d'utiliser cette forme plus légère et plus conviviale.

1751 « Questions de fond » est souvent plus clair que « questions de politique » pour traduire *policy matters*.

1752 Faux dilemme : il est fréquent que ni « information(s) » ni « renseignement(s) » ne convienne pour traduire *information* en contexte.

1753 *Aging housing units* = logements vétustes.

1754 *Debrief report* = rapport rétrospectif ou bilan.

1755 *To lead or participate in teams . . .* = Diriger des équipes... ou simplement en faire partie.

1756 *Alternatives*, ce n'est pas toujours des solutions de rechange. Ça peut être des **options**, s'il n'y a encore rien à changer.

1757 Solutions de rechange plus élégantes pour « le présent document » : « les pages qui suivent », « les lignes qui suivent »...

1758 Traduire *emerging* par « émergents »? Peut-être, oui, mais essayez donc simplement « nouveaux », aussi, pour voir...

1759 **1** Sujet au pluriel sans article en anglais : « les » est plus approprié que « des » plus souvent que bien des traducteurs ne le pensent.

1760 **2** Sujet au pluriel sans article : Si l'auteur anglais pense « des », il mettra sans doute qqch. comme *some*.

1761 « C.-à-d. » existe certes, mais c'est lourd; on lui préférera autant que possible des solutions de rechange comme « soit ».

1762 Je soumets respectueusement que « Loi sur la qualité de l'eau » serait mieux que « Loi sur l'eau saine » pour *Clean Waters Act*.

1763 On peut assez souvent se passer de traduire *delivery* dans *service delivery*.

1764 Autre traduction intéressante pour *mapping* (au sens administratif) : « (établissement de l')état des lieux ».

1765 **1** Généralement, si l'anglais veut mettre en relief qu'il ne parle pas de **tous** les cas (« des » *vs* « les »), il dira *some* ou *a number of*.

1766 **2** Inversement, il y a des cas où il est inutile de traduire *all* parce que « tout » est implicite dans « les ». Ah! Magie du contexte!

1767 « Conviction(s) » traduit souvent mieux *belief(s)* que « croyance(s) », par exemple dans le domaine politique.

1768 « Apport (de qqn) », mot auquel on ne pense pas assez souvent pour traduire *input* ou *contribution*.

1769 Ne vous cassez pas la tête pour traduire *fail to* : *The Council failed to act* = Le Conseil n'a rien fait/n'a pas réagi.

1770 *Safe behaviour* : Pourquoi pas « prudence » au lieu de « comportement sécuritaire »?

1771 « Intéressant » paraît certes moins fort que *exciting*, mais je crois que ça demeure un équivalent fonctionnel.

Verbes et temps de verbe

1772 Ne vous laissez pas abuser par le *will* dans un texte parajuridique (p. ex. un mandat). Le présent est généralement de mise en français.

1773 Si la principale est au passé composé (ex. : a dit), la subordonnée est généralement au plus-que-parfait (ex. : qu'il avait fait).

1774 La concordance des temps n'est pas toujours obligatoire, mais donne généralement un texte plus soigné (ex. : Elle a jugé qu'il **était**...).

1775 Résultats de sondage : on peut parler au présent même si l'anglais est au passé (à moins qu'il s'agisse d'une époque lointaine).

1776 Quand vous traduisez un historique, n'oubliez pas de donner une chance au présent; ça peut faire une belle différence stylistique.

1777 Le *present perfect* (*have* + participe passé) ressemble à un passé composé, mais doit souvent se traduire par un présent.

1778 En principe, *shall* se traduit par un simple présent. Mais certains contextes nécessitent tout de même l'emploi de « doit ». Vigilance.

Bibliographie

2lingual. (www.2lingual.com).

Antidote, (Logiciel), Montréal, Druide informatique, 2007.

Banque de dépannage linguistique, Montréal, Québec, Office québécois de la langue française. (http://www.oqlf.gouv.qc.ca/ressources/bdl.html).

Canada, Bureau de la traduction, *Guide du rédacteur*, Ottawa, 1996, 319 p.

CanLII, (En ligne), Ottawa (Ontario), Canadian Legal Information Institute. (www.canlii.org).

Clefs du français pratique, Ottawa, Travaux publics et Services gouvernementaux Canada. (Sur le site de Termium Plus : http://www.termiumplus.gc.ca/tpv2guides/guides/clefsfp/index-fra.html?lang=fra).

DUBUC, Robert, *Une grammaire pour écrire : Essai de grammaire stylistique*, Montréal, Linguatech, 2007, XVIII-326 p.

DURBAN, Chris (dir.), *The Prosperous Translator*, Lulu Press, 2010.

Harrap's Shorter Dictionnaire, Édition révisée avec supplément, Édimbourg, Harrap Books Limited, 1993.

MAILHOT, Madeleine, *Les bons mots du civil et du pénal*, 3ᵉ édition, Montréal, Wilson et Lafleur, 2009.

MEERTENS, René, *Guide anglais-français de la traduction*, s.l., Éditions Chiron, 2012, 537 p.

OneLook Dictionary Search. (www.onelook.com).

RAMAT, Aurel, *Le Ramat de la typographie*, 7ᵉ édition, Montréal, Aurel Ramat, éditeur, 2003, 223 p.

ROULEAU, Maurice, *Révision I*, cours donné pour l'école de traduction Magistrad en 2009 et 2010.

TANGUAY, Bernard, *L'art de ponctuer*, 3ᵉ édition, Montréal, Québec Amérique, 2006, 246 p.

THOMAS, Adolphe, *Dictionnaire des difficultés de la langue française*, nouvelle édition, Paris, Larousse, 2001.

Wikipédia. (http://fr.wikipedia.org).

Bibliography

Assemblée nationale du Québec. *Parliamentary and Ministerial Office Holders*. (http://bit.ly/oVgScj).

The Chicago Manual of Style, 16th edition, The University of Chicago Press, 2010.

Commission de toponymie. *Banque de lieux du Québec*. (www.toponymie.gouv.qc.ca/CT/toposweb/recherche.aspx).

Jemielity, David. Presentation at Translate in the Catskills Conference, Maplecrest NY, 2011.

Natural Resources Canada. *Geographical names approved in both English and French* (geonames.nrcan.gc.ca/info/dual_e.php).

Natural Resources Canada. *Names of pan-Canadian significance*. (http://bit.ly/bHYTZF).

Publications du Québec. *Lois et règlements*. (http://bit.ly/bXEdIe).

Slate. (www.slate.com/articles/technology/technology/2011/01/space_invaders.html).

Wikipedia. (http://bit.ly/xTcxKu).

Index

Conventions de l'index

Les numéros de 1 à 962 renvoient aux gazouillis de Grant Hamilton, s'adressant principalement aux traducteurs du français à l'anglais. Les numéros de 1001 à 1778 renvoient aux gazouillis de François Lavallée, s'adressant principalement aux traducteurs de l'anglais au français. Aux fins d'uniformisation, le trait d'union est employé pour séparer le premier et le dernier numéro d'une suite de trois numéros de gazouillis ou plus, au lieu du tiret exigé par les règles typographiques anglaises.

Un mot entre crochets signifie que l'entrée traite à la fois du terme avec et sans le contenu des crochets. Par exemple, « numéro [civique] » signifie qu'on traitera à la fois du terme « numéro » tout court et du terme « numéro civique ». Une expression entre parenthèses signifie qu'on doit faire précéder l'entrée de cette expression. Si l'expression entre parenthèses contient un tiret (–), il faut lire cette expression en remplaçant le tiret par l'entrée. Par exemple, « accent (mettre l'– sur) » se lit « mettre l'accent sur ».

Les mots anglais sont en italique, ainsi que les mots étrangers, et les français en caractères romains. Les termes sont indiqués avec une minuscule initiale, sauf s'il s'agit de noms propres. Les sujets (par opposition aux termes) sont indiqués avec une majuscule initiale. Ainsi l'entrée « article » signifiera qu'on parlera du terme « article » (traduit par exemple par *section* en anglais dans le domaine juridique), alors que l'entrée « Article » signifie qu'on traitera de l'article en tant que partie du discours. Par ailleurs, les thèmes constituant des titres de section dans les gazouillis sont en caractères gras et commencent avec une majuscule initiale.

Index conventions

The numbers 1 through 962 refer to tweets by Grant Hamilton intended primarily for those who translate from French into English. The numbers 1001 to 1778 refer to tweets by François Lavallée intended primarily for those who work from English into French. For uniformity's sake, hyphens are used in tweet numbers to indicate "from . . . to," rather than en-dashes as is normally the case in English.

Words only partly relevant to an entry are bracketed. For instance, *critical thinking (skills)* designates an entry that talks about both *critical thinking* and *critical thinking skills*. Words at entry end in parentheses should be read as if they came before the entry. If the parentheses contain an en-dash (–), the entry should be read as if replacing the en-dash. For example, *expected (to be – to)* reads *to be expected to*.

English words are in italics, as are words in Latin and other languages, and French words in roman type. All terms are lowercased unless proper nouns. Subject categories (as opposed to individual terms) are shown with initial caps. Thus *links* refers to the term "link" (explaining that "ties" or "connections" can make a better translation in certain English contexts) whereas *Links* is a subject category referring to website links. As a further distinction, subject categories that are also section titles are uppercased and in bold.

DU MÊME ÉDITEUR

Ouvrages didactiques

ARCHIBALD, James (sous la direction de). *Langue et localisation : Politiques, stratégies et pratiques*, 2009.
— *La localisation : Problématique de la formation*, 2004.

AVOLONTO, Aimé. *Au contact des mots*, 2004. Pour enrichir le vocabulaire en français langue seconde.

BÉDARD, Claude. *La traduction technique : Principes et pratiques*, 1986.
— *Guide d'enseignement de la traduction technique*, 1987.

DELISLE, Jean. *La terminologie au Canada : Histoire d'une profession*, 2008.

DUBUC, Robert. *Au plaisir des mots*, 2008. Chroniques linguistiques et terminologiques.
— *Une grammaire pour écrire : Essai de grammaire stylistique*, 2ᵉ édition, 2007.
— *Manuel pratique de terminologie*, 4ᵉ édition, 2002.
— *En français dans le texte*, 2ᵉ édition, 2000. Méthode autodidactique pour affermir sa maîtrise du vocabulaire et des structures du français.
— *Terminology: A Practical Approach*, 1997. Adapté par Elaine Kennedy.

GAUTHIER, François. *Objectif clients : Un guide pour traducteurs et autres travailleurs autonomes du domaine langagier*, 2010.

HAMDANI KADRI, Djaouida. *Guide de lecture du roman* La Tournée d'automne *de Jacques Poulin*, 2009. À l'intention des étudiants en français langue seconde ou étrangère.

HORGUELIN, Paul A. *Traducteurs français des XVIᵉ et XVIIᵉ siècles*, 1996.
— *Structure et style*, 1985.

HORGUELIN, Paul A. et Michelle PHARAND. *Pratique de la révision*, 4ᵉ édition, 2009.

HOSINGTON (THAON), Brenda M. et Paul A. HORGUELIN. *A Practical Guide to Bilingual Revision*, 1980.

LAVALLÉE, François. *Le traducteur averti : Pour des traductions idiomatiques*, 2005.

LECLERC, Jacques. *Le français scientifique : Guide de rédaction et de vulgarisation*, 1999.

L'HOMME, Marie-Claude. *Initiation à la traductique*, 2ᵉ édition, 2008. Pour la compréhension des traitements informatiques appliqués à la traduction.

ROULEAU, Maurice. *La traduction médicale : Une approche méthodique*, 2ᵉ édition, 2011.
— *Pratique de la traduction : L'approche par questionnement*, 2007.
— *Initiation à la traduction générale : Du mot au texte*, 2001.
— *La traduction médicale : Livre du maître*, 1996.

SENÉCAL, André. *Traduire pour l'aviation civile et militaire : Guide pratique et Lexique anglais-français*, 2012.

SENÉCAL, André, Claude BÉDARD et collab. *Entre nous, bulletin de traduction technique : Recueil complet (1978-1986)*, 1987.

TREMBLAY, Gilles. *L'ABC du style publicitaire français*, 1982.

Dictionnaires et vocabulaires

CAIGNON, Philippe. *Vocabulaire et cooccurrents de la comptabilité*, 2001.

COHEN, Betty. *Lexique de cooccurrents : Bourse et conjoncture économique*, 2ᵉ édition, 2011.

DUBUC, Robert. *Vocabulaire bilingue de la publicité*, 1991.